知新书系

化经验为课程
——教师培训课程设计 50 讲

陈霞 万立荣 杨兰 顾思羽 著

上海教育出版社
SHANGHAI EDUCATIONAL
PUBLISHING HOUSE

上海教师教育丛书编委会

主　　任　李永智　尹后庆
编　　委　（以姓氏笔画为序）
　　　　　王　平　　王　洋　　王　涛　　戈一萍
　　　　　卞松泉　　尹后庆　　宁彦锋　　朱益民
　　　　　刘　芳　　闫寒冰　　孙　鸿　　李永智
　　　　　李　蔚　　杨　荣　　杨振峰　　吴　刚
　　　　　吴国平　　陈小华　　陈永明　　陈宇卿
　　　　　陈　军　　邵志勇　　周增为　　赵洁慧
　　　　　姜　虹　　恽敏霞　　袁振国　　奚晓晶
策　　划　吴国平

总　序

教育改革的步伐已经进入了关注教师发展的新阶段。不是因为课程改革已陷于制度性疲倦,不是因为评价改革终将受制于社会发展的瓶颈,也不是因为我们拥有超过千万的中小幼教师队伍,每年有数十万的青年人正在进入这个领域。课程也好,评价也罢,根本上它们都内在于教师。拥抱"教师的年代",不在于讨论有多少以教职为生计的人,而在于如何拥有师者的内在品质,值得学生效法,使自己从一名教者成长为一名真正的师者。

关注教师是国际教育改革的普遍趋势

制度化教育确立以来,课程长期占据着学校教育的中心地位。直到20世纪60年代,国际教育界才开始把视线转向教师。这是由于课程、教学、评价、管理这些学校层面的所有改革,最终都离不开教师。尽管半个世纪以来,教师职业到底算不算专业还存有不同的看法,但关于教师的专业化问题持续受到广泛关注。

中国向来具有别于西方的教育传统。中国古代教育有重教师、轻课程的传统,唯这种传统并未演化成现代意义上的教与学的机制,更未形成制度化的学校,因此循着传道授业解惑的路径发展教师素养的希冀,愿望虽好,但缺少登梯之阶,难以形成规范。近年来,随着教育国际交流的增进,尤其是上海学生在PISA项目中的表现,引来国际社会对中国教师组织化程度经验的关注,其中教研组和集体备课被认为是两大亮点。因为在西方,教师的教学行为被认为是从属于个人的专业行为,即便是同行也不得任意干预,可以想见,其结果便影响到授业与指导经验的传播。问题是,中国学校教研组的形式究竟以怎样的方式引导教师提升专业能力,尚缺乏充分的论证和公认的成果。理论上来说,一个组织如果确实发生了影响,既有可能是正面积极的,也有可能是负面消极的。教研组对于教师的影响,既未被证实也未被证伪,能否成为经验尚待科学论证。至于集体备课,不久前在上海对近八千名中小学幼儿园教师所进行的问卷调研显示：面对庞杂的课程事实和众说纷纭的教师要求，一大批成长期的教师从茫然不知所措，到随波逐流；而所谓"成熟期"的教师则顾影自怜地停留在自我经验的世界中，真正知识讲授型教师则难觅踪影。教师发展的局限已成为深化课程改革的短板，这样的局面不改变，教育质量有大滑坡的风险。

教师的成熟需要积累丰富的社会实践

在汉语中，我们把师者称为"老师"，一般解释其中的"老"无义，表尊敬。其实《荀子·致士》中强调了做老师有四个条件，其中一条曰"耆艾而信，可以为师"。古人把五十岁的人称为"艾"，把六十岁的人称为"耆"，把七十岁的人称为"老"。这或是"老师"称谓的早期由来。可见，年龄本是成为教师的一项先决的基本条件。只是在制度化教育出现以后，尤其是以分科为特征的知识传授成为学习的基本形式形成以来，这种年龄的限制才被取消。

古人为什么会对为师者设置年龄限制？是因为教师的职业属性是一名"杂家"，这样的"杂家"不经过长期的、丰富的社会实践积累，是难以炼成的。在今人眼里，"杂家"似乎意味着专业程度低人一等。其实，无论是在古代中国还是在近代西方，强调的都是社会中的个体应具备多方面的才能。孔子所谓的"君子不器"不是在谈"杂家"吗？而马克思关于人的全面发展又何尝不是在谈"杂家"呢？及至当代，"把一个人在体力、智力、情绪、伦理各方面的因素综合起来，使他成为一个完善的人，这就是对教育基本目的的一个广义的界说"（《学会生存》）。这句话表明"杂家"较之于"专家"更近于"完善的人"。教师面对的是多姿多彩的学生，每个学生都有各自的阅历，他们的家庭、他们的生活、他们的所见所闻都不尽相同，每个学生都是一个完整的世界，每个学生又都是一个独特的世界。教师要想成为学生精神生活的指引者，自己必须是一个精神生活丰富的人。而精神生活丰富的基础就是有渊博的知识，不仅是专业知识，而且是与之相关的各方面的知识。

岗位成长已成为教师专业发展的共识

我们拥有成熟的师范教育体系，拥有完备的教师任职制度，是否就意味着我们拥有了优秀教师的培养机制？想要回答这一问题，须明了教师是师范院校培养的吗？教师资格认证制度是从教的当然资质吗？

教师知识与技能的习得途径主要有三种：一是书本阅读，二是课堂知识传授，三是实践体悟。前两种可以通过岗前培养与训练获得，后一种则需要在岗锻炼习得。这就意味着，一名真正合格的教师无法在职前培养中完成，亦无法依靠教师资格认证制度自然解决。这也可以解释为什么近年来相当数量的示范性高中多从综合性大学招收新任教师，是示范性高中教学要求低，还是这些学校无视教育的专业属性？答案显然不是。教师的专业性主要不在于"知"，而在于"行"，即一名教师在从教岗位上的实践、探索、体验、反省和觉悟。可以认为，教师是在岗位实践中自我型塑的，师范院校也好，综合性大学也罢，都不过是为一名教师从教所做的预判性准备。

所谓教学，不是教师从书本上把知识搬家一样送到学生面前，它必须融入教师自己的透彻理解，没有教师的透彻理解很难有学生的透彻理解，"以其昏昏，使人昭昭"的事在教育上是难以发生的。在教师透彻理解的基础上，还必须考虑知识传授的方法。采取什么样的方法，除了教师的个人喜好外，还涉及知识的难易程度、学生的接受程度以及教学资源的承受能力等因素，取舍之间，包蕴着非常丰富的个性化知识。一名真正的优秀教师拥有丰富的个性化知识，犹如中医问诊中的察颜把脉。这种知识无法仅仅通过书本研读和知识传授获得，需要通过实践不断揣摩，从而得到一种内化了的知识。显然，它是一种非常个人化的特殊知识，需要教师在对每个学生"辨症"施教中不断积累，其习得主要依赖于教师的个人努力。由此，可以得到一条简单而又明确的结论：帮助一名从教者，使之成为一名真正的师者。可以说，帮助数以千万计的从教者，使其早日成长为师者，这是今日中国教师教育领域的一项重大课题。

助推教师成为教育的思想者、研究者、实践者和创新者

国家兴旺，教育为本；教育优先，教师为基。持续了半个世纪的教育改革浪潮把教师发展推到了历史的前台。在当代教育的历史进程中，教师不是单纯的任务执行者，而是教育的思想者、研究者、实践者和创新者。在专业发展的路径上,教师的主体地位、精神和意识得到了时代的推崇,教师专业化发展和对教师的重新发现将对教育产生重大影响。可以说,教师问题的重要性已无须讨论,而应考虑如何实践。

新一轮课程改革呼唤着教师创造性地施行教与学的行为。吊诡的是,一大批被应试熏陶出来的青年走上讲坛,他们却被要求培养有创新能力的学生。面对变化了的教学材料和教学要求,是施教者的一脸迷茫和不知所措。英国教育家沛西·能曾说过,教师是学生学习的最大动力。问题是,迷茫中的施教者如何才能让自己成为学生学习的动力呢?

基于上述认识,由上海市师资培训中心主持,联合上海师范大学、华东师范大学以及上海教育出版社等单位,倾力研发并打造了这套"上海教师教育丛书"。本丛书由"知会书系""知新书系"和"知困书系"三部分构成,分别聚焦新教师的教学规范、校本的教师研修经验以及优秀教师的成长启示,旨在从岗位上助推有资历和创造性的教师成长,这是我们的理想和愿望。

鉴于本书系不仅是上海也是国内自改革开放以来第一次全面系统开发的教师在岗培训教材,限于能力和水平,在编写过程中尚有诸多局限和不足,乞教于方家,不吝批评指正!

上海教师教育丛书编委会
2017年4月

序

化经验为课程

教育实践是一项具有高度丰富性、复杂性、情境性的交互活动,仅有理论性知识是不够的。每位教师在长期的、独特的教育教学经历与体悟中积淀、形成了个人的教育学,这些个人的教育学支配着教师的思想与行为,也成为他们专业发展的主要基础。教师作为一定社会历史文化背景下的职业人,在他们个人的教育学中蕴藏着具有普遍价值的最佳做事方式,我们俗称为优秀教育经验。这些优秀教育经验具有总结、提炼、传播与推广的价值。

化经验为课程是指采用科学的工具与手段,显现、抽取教师的优秀教育经验,使其结构化与理论化,并最终组织呈现为教师培训课程的过程。教师培训课程具有易学、易用的优势,它具有强烈的对象感,按照学习对象的学习需求和特点对知识与经验进行筛选、编码、组织,能够最大程度促进学习者的理解与应用,实现知识经验与学习者的深度链接和顺畅转换。将教育经验转化为教师培训课程,帮助广大教师讲清、讲好、辐射自己的教育故事,不仅能够促进教师自身的专业成长,而且有利于重塑教师与知识之间的关系,提升广大教师作为知识生产者的自尊与自信,进而促进教育知识的创新与教师队伍的专业化发展。

上海市师资培训中心"教育经验萃取与课程化再造"研究实践团队,在长期指导教师培训者、优秀教师进行教育经验萃取与教师培训课程开发的基础上,于2019年出版了《教师培训课程设计》一书。此书一经出版便被多省市选为教师培训教材。在广泛实践应用与听取反馈的基础上,团队成员针对广大教师在教师培训课程设计五个主要环节中最迫切需要、最实用、最容易上手的50个知识技能点,借助简明扼要的标题、以问题解决为中心的知识呈现结构、与读者共研共建的平等姿态、通俗易懂又有趣的语言,与同行分享教师培训课程开发的点滴体会,由此形成了这本《化经验为课程——教师培训课程设计50讲》。概括起来，本书有以下五个突出特点。

1. 短，指篇幅短小。每讲只针对一个知识点，内容容量小。每个知识点都采用精炼的语言表达，如果录成语音，时长不超过八分钟，满足了当下成人碎片化学习的需求，方便学习者随时随地灵活学习。

2. 实，指实用实效。在学习内容选择上，针对课程开发者有较丰富的教育教学经验、缺乏提炼经验的方法等实际，挑选了教师培训课程设计五个主要环节中教师最迫切需要、最实用、最容易上手的知识技能点，围绕课程开发的方法路径等对课程内容进行高度的凝练，提升学员学习的实效。

3. 精，指精炼精当。每讲坚持采用聚焦问题、示证新知、内化转化三段式结构，把问题还原到具体情境中，针对问题，提供思路、策略与方法，为学员提供清晰可借鉴的实操路径。

4. 活，指活泼易学。每讲内容相对独立，不存在非常严格的先后顺序。学习者可以自主选择急需或者感兴趣的内容进行学习。这种灵活、低结构的组织逻辑便于学习者形成个性化的学习菜单。此外，"活"还体现在课程内容、语言风格的通俗易懂和活泼有趣上。如"别把自己喜欢的食物当作鱼饵"一讲，生动诠释了课程开发中"己所不欲，勿施于人"的理念。

5. 通，指联动联通。首先指学习者学、思、用的联动联通，学习者不是被动的读者，他们不仅学习知识，而且在已有知识经验与实践应用的基础上建构出新的知识，这些新的知识被本书作为资源以"学思用结合，内化转化"的形式加以呈现。其次指读者与作者之间的联动联通，本书以扫描二维码的互动交流方式，把读者与编写者更紧密地联系起来，让读者也成为资源的共研共建者。

本书适合对教育实践经验萃取、教师培训课程开发感兴趣的优秀一线教师与校长、研训人员阅读。当然，对教师培训课程开发和教师专业发展感兴趣的教育研究者也能够从中获得有价值的启示。

作者

2021 年 4 月

于上海市师资培训中心

目 录

导论 > 1

01 | 教师培训课程相对于学生课程的独特性 > 3
02 | 教师培训课程与教师研修课程是同一概念吗 > 6
03 | 谁能够胜任教师培训课程开发 > 10
04 | 开发教师培训课程的价值与理由 > 13
05 | 简单体验教师培训课程开发之旅 > 17
06 | 一门理想的教师培训课程的基本要求 > 21
07 | 教师培训课程开发常见问题 > 24

第一步 确立课程主题 > 27

08 | 课程主题就是课程名称吗 > 29
09 | 课程主题从哪儿来 > 32
10 | "四问"让您的课程主题冒出来 > 35
11 | 如何从诊断需求开始开发一门教师培训课程 > 40
12 | 5W2H法：发现教师真需求的有效工具 > 44
13 | 应用5W2H法诊断需求的其他案例 > 47
14 | 要想主题好，三字诀要记牢 > 50
15 | 如何给课程起一个响亮的名称 > 53

第二步　设立课程目标　　> 57

16 | 课程目标真的那么重要吗　　> 59
17 | 如何设立课程目标　　> 63
18 | 教师培训课程目标设立中的常见问题　　> 67
19 | SMART 原则：让课程目标表述更清晰　　> 70

第三步　选择与组织课程内容　　> 73

20 | 对主题感兴趣但经验有限，该如何选择内容　　> 75
21 | 课例、案例能否直接作为课程内容　　> 78
22 | PIRI 案例复盘法：助您把优质课整理成教学案例　　> 82
23 | SPMC 萃取法：助您把实践经验转化为课程内容　　> 86
24 | 别把自己喜欢的食物当作鱼饵　　> 91
25 | 金字塔结构：让课程内容具有逻辑性　　> 94
26 | 敢挑战下面的图形分类吗？课程结构就在其中　　> 98
27 | PTCP：一种简单有效的内容组织模式　　> 103
28 | 课程素材有哪些　　> 106
29 | 想拥有好的课程素材，您平时需要这样做　　> 110

第四步　设计教学活动　　　> 113

30 | 除了讲授,还可以运用哪些培训方法　　　> 115
31 | 亲和图:助您快速收集想法并达成共识　　　> 118
32 | ORID焦点讨论法:让团队讨论更加高效　　　> 121
33 | 六顶思考帽:让思考简单而高效　　　> 125
34 | 拼图分组研讨法:让每个人都动起来　　　> 130
35 | 结构化研讨:让您的课堂活力无限　　　> 134
36 | 世界咖啡:不能不用的汇聚群体智慧的方法　　　> 139
37 | 六类经典实用的工作坊　　　> 142
38 | 凌波五步:一种实用的工作坊设计流程　　　> 146
39 | 把传统培训活动转化为引导培训型工作坊活动　　　> 151
40 | 五步教学法:让教师的深度学习发生　　　> 155
41 | 手绘流程海报:让培训日程安排一目了然　　　> 160
42 | 怎样的引入活动能牢牢抓住学习者　　　> 164

第五步　设计评价任务　　　> 167

43 | 评价任务还可以这样设计　　　> 169
44 | 评价量规:让评价引导教师的学习　　　> 172
45 | 再来一个教师培训评价量规的案例　　　> 176
46 | 如何追踪评估培训所学的应用情况　　　> 180

结 语 > 185

47 | 教师究竟是如何学习的 > 187
48 | 如何把教研活动转化为研修课程 > 191
49 | 如何把课题研究转化为研修课程 > 197
50 | 听听这些学习者的心声 > 203

后 记 > 207

导 论

❋ **本章学习目标**

1. 理解教师培训课程的内涵、特点及构成要素特征
2. 知道教师培训课程开发的基本流程及要求
3. 感悟教师培训课程的价值与意义

✳ **本章学习路线**

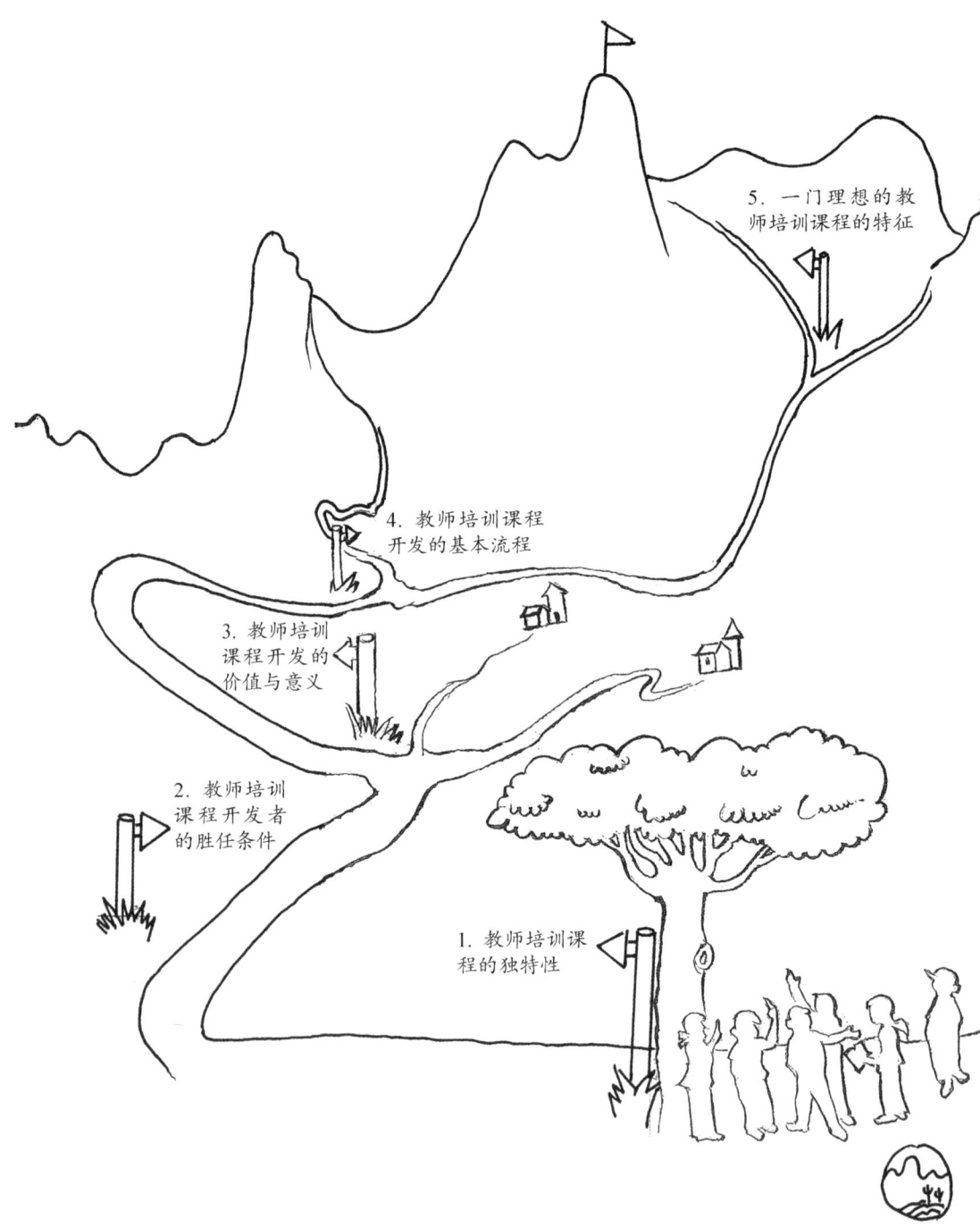

(绘图 范瑞华)

01 | 教师培训课程相对于学生课程的独特性

1. 想要了解或开发教师培训课程的人员。
2. 对以下问题抱有好奇心的人员：
教师培训课程与学生课程相比，究竟有哪些特别的地方？

A：张老师，您在校本课程开发方面是行家里手，在课堂教学方面也是达人，如果请您开发一门供教师学习的教师培训课程，您能说出点门道吗？

B：我认为，只要是课程，都应具备课程的基本要素，如有明确的学习对象，有清晰的课程目标，有根据课程目标和学习对象的特点精心筛选与组织的课程内容，有与学习对象、课程目标、课程内容等一致的实施活动，有检测目标达成度的评价活动。

A：您真专业！不错，这是课程。但我仍不懂什么是教师培训课程，因为您刚才说的是课程的一般概念。

B：教师培训课程就是供教师学习的课程呀！

A：张老师，我真的不懂供教师学习的课程与供青少年学生学习的课程有何不同。

B：让我想想……

释疑解惑，示证新知

是呀，供教师学习的课程（即教师培训课程）与供青少年学生学习的课程（即学生课程）到底有何不同呢？很多教师都很难准确地说清楚。

我们认为，可以从六个方面来比较与分析两者的不同。

1. 学习对象不同。教师培训课程的学习对象是成人;学生课程的学习对象是青少年学生。这是最基本的一点,决定了教师培训课程的特性。

2. 课程出发点不同。教师培训课程的出发点是解决当下的教育教学实践问题,提高工作实效;学生课程的出发点是满足青少年学生长远发展的需求,培育核心素养,使其适应未来社会的变化。

3. 课程目标不同。教师培训课程主要是为了提升教师教育教学实践所需的知识与技能,针对性很强;学生课程主要是为了发展学生的核心素养,未来适应性较强。

4. 内容取向不同。教师培训课程尤其强调实践操作,重在解决实践问题,提升教育教学质量;学生课程比较注重学科知识的系统性、完整性。

5. 知识获取方式不同。教师具有丰富的经验和相对稳定的知识结构,他们在已有经验与知识结构的基础上主动发现与建构知识,参与、互动、体验式的方法更适合其学习。学生课程主要基于学生身心发展特点与认知水平传授系统的知识,学生重在理解知识,讲授、互动、合作、探究是主要的学习方式。

6. 评价取向不同。教师培训课程评价注重实践应用能力,强调实效性;学生课程以综合素质评价与标准化考试为主,比较强调基础性。

我们用表格的方式进行了归纳(见表1)。

表1　教师培训课程与学生课程的差异

维度	教师培训课程	学生课程
学习对象	成人教师	青少年学生
课程出发点	问题解决,提高工作实效	长远发展,适应未来社会
课程目标	提升教育教学实践所需的知识与技能,针对性很强	具备关键能力与必备品格,未来适应性较强
内容取向	注重实践与问题解决	注重知识系统性、完整性
知识获取方式	发现创造	理解建构
评价取向	注重应用能力,具有实效性	标准化考试,具有基础性

问卷 | 教师培训课程相对于学生课程的独特性

您如何理解教师培训课程相对于学生课程的独特性?您对于教师培训课程还有哪些困惑与疑问?请扫描二维码分享给我们。

学思用结合,内化转化

学习感悟1

　　教师培训课程的独特性在于它面向的对象是成年教师群体,所以这一类课程在教学中更加注重课程的理论性构建和课程案例的反思分析。在实践中,因为教师培训课程把教师作为主体,参训教师本身应具有较好的接受和理解能力,培训者应更多采用工作坊的形式和教中学、学中做的方式来实施课程,同时要注重发挥教师团体的力量,把教师团体作为课程活动的主要载体。此外,教师培训课程的内容要为教师课堂教学服务,培训课程设计一定要指向教学实际场景中的问题与需求。

——上海市第三女子中学　秦岭老师

学习感悟2

　　教师培训课程和学生课程在学习时间上有所不同:教师培训课程一般都是短期或者集中式学习,学生课程一般以学期或学年为学习时间单位。这就决定了教师培训课程的强度大,需要增强培训的专注度和课程设计的合理性来提高培训效率。学生课程有足够的学习时间,可以设计系统的课程,引导高阶思维的学习和训练。

——上海师范大学附属经纬实验学校　朱勇老师

学习感悟3

　　教师培训课程的价值取向也应该是促进教师作为"人"的成长和发展,以适应未来社会对教育与时俱进的要求,而不仅仅是解决当下的教育教学实践问题,提高工作绩效。因为教师教育最终的效果要体现在"学生的成长"上,教师培训目标和学生培养目标在方向上应该具有一致性。

　　成人在选择学习内容、学习方式方面具有较强的自主性,他们往往根据自己的实际情况来选择比较适合自己的方式,学习过程中不是简单接受教师的观点,而是能用批判的思维和审视的眼光来看待教师的观点和书本上的结论,善于对那些观点和结论提出质疑。因此,在教师培训课程的设计上应该更多地考虑生成性的内容,减少预设性的内容。

——上海市师资培训中心　甘小明老师

02 | 教师培训课程与教师研修课程是同一概念吗

 适用对象及情境

1. 想要了解或开发教师培训课程(或教师研修课程)的人员。
2. 对以下问题抱有好奇心的人员：
教师培训课程与教师研修课程是一回事吗？

 分析背景，聚焦问题

有先哲说过，能够给别人传授知识才是理解事物的最高形式。教师培训课程既能提升课程开发者的专长与能力，又能促进参训教师的专业发展，受到教师与教育管理者的欢迎。正所谓，赠人玫瑰，手留余香，教师培训课程就如同一支芬芳的玫瑰，受到越来越多人的青睐。在理论研究与实践探索中，教师培训课程的样态不断发展，在文献与实践中也出现了教师培训课程、教师研修课程等诸多术语，这令一些教师感到迷惑，不清楚这些术语表达的是不是同一个意思。

 释疑解惑，示证新知

听到教师培训课程，您的脑海中会浮现出什么呢？我们问过一些教师这个问题。他们有的会浮现出听专家讲座或大会报告的画面，有的浮现的是不得不参加的各种以培训为名的活动，有的浮现的是系统的并赋予一定学分的网络培训课程或面授培训课程。

在这些浮现的画面中，有一些共同的特点，如参训教师比较被动，主要以听讲的方式获得各种各样的信息、知识与技能，其内在需求以及主体性没有得到充分的尊重，没有被给予充分的选择和卷入的机会……

提到教师研修课程，教师脑海中又会浮现出什么呢？有的教师会想到上课、听课、评课等有研讨活动的培训；有的教师想到的是教研活动……在这些画面中,研修课程与教师的课堂教学开始相融,教师的内在需求开始被触及,教师的学习热情开始升温……

这种关于教师培训课程与教师研修课程真实而混沌的感受,即教师培训课程让人感到被动、局促,教师研修课程让人感到主动、愉悦,基本反映了两者的主要差异。

教师培训课程与教师研修课程虽只有一词之差,反映的却是理念的不同。首先必须承认两者有相同之处:(1)都面向教师群体,旨在提升教师的专业知识、能力与态度;(2)都属于课程,具有课程的基本要素,如课程目标、内容、实施、评价,且各要素之间具有内在一致性。其次必须看到两者的差异。

两者的差异主要体现在三方面。

1. 控制性与自主性。培训课程多由教育行政部门确定有关培训内容、赋予学员培训学分,体现出国家对教师队伍素质的整体要求,是外控型的;而研修课程则赋权给教师,充分发挥教师的自主性和能动性,是内驱型的。

2. 规范性与支持性。培训课程是政府部门为提高教育质量,对教师发展的一种规范性要求,客观上要求教师必须接受;而研修课程则是对教师发展的一种支持性资源,以教师为服务对象,同时,教师也可以为研修课程的实施贡献智慧和资源。

3. 行动前与行动中。培训课程是让教师更好地为教育实践做准备,是先学后用;而研修课程则是为教师在实践中解决问题提供机会和支持,是边学边用,边用边学。

基于这三点差异,教师研修课程在课程要素的规定上有一些明显的特征。

1. 在课程主题的选择上,重点把握教师教育教学实践中所面对的问题、困难与挑战,关注教师真实的需求,而不是外在主观地认为教师应该需要什么。

2. 在课程目标的设定上,不再单纯强调知识或技能的掌握,而是指向教师在情境中对知识和技能的综合运用,聚焦素养的提升。

3. 在课程内容的选择和组织上,不再仅仅强调知识点的选择,而是强调基于问题解决的任务分解和学习路径架构,强调基于成人在实践中学习的特点,重点是为学员提供适宜的学习经验,而非知识点。

4. 在课程教学活动的设计上,不再以讲授为主,而是为学习者创造连续的、综合性的学习支持,既包括一对多的专家讲授,也包括多对多的研讨、实践中的运用和自我反思,通过多种学习方式的组合,让学员完成各种实践性的任务。

5. 在评价任务的设计上,不再是简单记忆和理解,这些都属于较低阶的思维,而是注重评价任务的高阶性,以高阶评价任务带动低阶思维的学习,并给予学员挑战。

因此,教师研修课程这一概念体现了一种全新的课程设计取向和课程实施机制,研修课程自身成为教师学习的资源和支架。由此,课程开发者的角色转变为设计者、支持者和促进者,参训学员则是主动的参与者和行动者。研修课程的开放性和生成性,使学员既是课程的学习者,也是课程的建设者,实现了课程实施中的双向互动,而不再是单向传输。

我们还要强调一点,教师培训课程的外延更大,教师研修课程总体上属于教师培训课程的范畴。本书使用"教师培训课程",它在外延上包括了教师研修课程。

问卷 | 教师培训课程与教师研修课程是同一概念吗

对于教师培训课程与教师研修课程,您有哪些观点与感悟?请扫描二维码分享给我们。

 学思用结合,内化转化

学习感悟 1

从我自身的经历来看,教师的职后教育,不管是形式还是内容,都发生了很大的变化。在国家教育发展的不同阶段,两者都在教师职后教育中发挥了至关重要的作用。

教师培训课程和教师研修课程有一个共同点,就是借助各种学习让教师在职后对教育教学有新的认识,从而更好地开展教育教学工作。教师培训课程和教师研修课程之间也有不同——前者包含后者。前者注重教师确定性内容的知晓与掌握,后者注重解决教师在教育教学中的问题和困难,帮助教师更好地开展教育教学工作。

令我印象深刻的教师培训课程有"有关课改的政策""教师对课程标准的理解和落实""新教材的解读和实施""在线教学的快速应对和开展"等。其中不乏好的教师培训课程,有专家的解读和示范,有教研员和教研组组长开展的各类研修活动,有一线教师的实践体验和反思。

教师研修课程主要针对这样一些情况,如教师在教育教学的过程中对理念和策略有所了解,但在学习和实施中发现存在问题;有时教师能认识新的理念和方法,但实施时没有章法,有困难。这时就需要以教师为主体,选择相关的教师研修课程进行研修实践,引导教师形成对某个问题的思考和认识,落实到教育教学实践中。

——上海市长宁区教育学院　张萍老师

学习感悟2

这讲内容从教师一般的经验认识入手,探讨教师培训课程和教师研修课程的区别,一开始就让教师有代入感,并产生学习的兴趣。作者着重从两者的差异、研修课程的特征两方面进行阐述。条理非常清晰,教师很容易理解。我们参与"五步玩转教师培训课程设计"的过程,其实也可以视作研修课程的一种。

个人觉得,如果是同样的培训内容,可能教师研修课程的学习过程中,教师在某个时间段的投入(时间、精力等)会更大,教师的成长可能也会更快,获得感会更强。

——上海民办兰生复旦中学　盛利铭老师

学习感悟3

教师培训课程相当于纲,让教师获得生长的骨骼;教师研修课程相当于目,两者有机结合,就可以达到纲举目张的效果。教师培训课程互动性稍差,可以通过有效的管理和评价提高培训的效率;教师研修课程目的性稍差,可以通过资源的开发或任务链的设计来提升研修的高度。

——上海师范大学附属经纬实验学校　朱勇老师

03 | 谁能够胜任教师培训课程开发

 适用对象及情境

1. 不清楚自己是否可以开发教师培训课程的人员。
2. 对以下问题抱有好奇心的人员：
开发教师培训课程是不是专家学者的事情，与基层教师没有关系？

 共情互动，聚焦问题

不知正在阅读本讲的您，是来自中小学、幼儿园一线，还是来自区域教师进修院校、教研或科研指导机构、大专院校，或者其他企事业单位？不管您来自哪里，对于教师培训课程开发，大多数人头脑中会跳出这样一些问题：究竟具备什么条件和能力的人员才能开发教师培训课程？自己有开发教师培训课程的热情和冲动，但不知自己是否符合要求？培训课程开发是件要求很高的事情吗？

的确，要开发教师培训课程，应具备一定的条件和能力，您不妨对照一下。

 释疑解惑，示证新知

1. 有值得分享的专业知识与经验。也就是说，作为一名教师培训课程开发者，您首先需要拥有某一学科或领域、某一问题解决方面的先进而精深的专业知识与经验。俗话说，没有金刚钻，别揽瓷器活。您要开发课程，首先要有"金刚钻"，即先进而精深的专业知识，如高中语文作文命题、小学数学单元教学设计等方面的精深知识。要强调的是，这里讲的精深知识包括解决某一具体问题的有效经验。

2. 有比较准确的关于学习对象的知识。这要求您能够明确自己的专业知识是哪些目标群体（教师）比较需要的，能够具体分析与诊断学习对象的学习需求、特点、已有知识经验以及偏好的学习方式等。

3. 有一定的课程编制知识与技能。这涉及确定课程目标、设计检测课程目标达成度的评价任务、根据目标筛选内容并寻找相应素材进行教学活动设计等能力。

4. 有坚定执着的学习与研究精神。在课程开发的过程中难免会遇到一些超越您过去经验的问题,如一方面要对已有经验进行再反思、再提炼、再拓展,也就是能将隐性知识显性化,对实践经验进行结构化概括与理性提升;另一方面要根据学习对象的需求对这些知识与经验进行再筛选、再组织,用学习者易于理解的语言和教学活动对知识进行转化,用恰当的方式呈现给学习者,促进学习者参与、互动与自建构。这是一个艰难且较为漫长的过程,需要您具有坚定执着的学习与研究精神。

5. 有团队合作与领导能力。很多课程的开发都不是单打独斗完成的,需要方方面面的教师群策群力,协同合作,凝聚集体的智慧。课程开发者不仅要善于合作,还要具有团队领导能力,能够通过合理的分工与热情的激发,提升团队的凝聚力与工作效率。

以上五点是我们总结出的教师培训课程开发者应具备的条件和能力。有的教师可能会问:"其中有些能力我还不具备怎么办?是不是就不能开发教师培训课程了呢?"

只要有热情与兴趣,无论您是中小学教师、研训员还是高校教师都可以尝试开发教师培训课程。这本书就是为有这种志趣的教师定制的。您一定能在这本书中找到需要的内容!

现在就行动起来,在我们的课程目录中找一找。如果还有您想学习,但没有包含在我们课程中的内容,以及您的学习体会,都可以扫描二维码告诉我们。

问卷 | 谁能够胜任教师培训课程开发

 **学思用结合,内化转化**

学习感悟 1

2019 年初,我带领 16 名青年新秀教师组成了一个工作坊团队,团队研修的主题是"方案理念下低结构活动的实施"。我们围绕这个主题在理论和实践方面都进行了大量的研究,并收集、整理了一些适合推广的内容。我决定带领团队进行培训课程开发,并借此助力团队教师专业发展。

在选择课程开发团队成员时,我比较慎重,因为人员选择与课程内容是相互影响的。作为主持人,我有区级课程开发和教师培训的经验,所以由我先初步确定课程框架,再根据内容选择合适的共同开发伙伴。

基于学习者学习的视角,综合考虑教学经验的核心价值,我把课程的主要内容分为瑞吉欧的由来和发展、瑞吉欧的核心理念、瑞吉欧经典案例解读、瑞吉欧的实施思路和实践案例四个部分。根据课程大纲,我们选择有7年方案教学实践经验的佳慧老师,担任方案教学经典案例解读部分的开发者,把善于将方案教学理念与"来园活动""音乐游戏"相结合的美君老师以及文娟老师作为实践部分的开发者。

在课程开发与制作过程中,我们发挥团队力量取长补短,鼓励教师分享各自在文案撰写、外语翻译、动画制作、视频拍摄方面的经验,既有独立工作又有共同研讨。经过两个月的努力,我们制作了40课时的教师培训课程"学学瑞吉欧"。

——上海市浦东新区东方幼儿园　张文钧老师

学习感悟2

H老师是一位有十五年班主任工作经验的教师,在一次德育报告会上,她梳理了设计主题班会课的心得体会,受到一致好评,大家纷纷表示这个内容正好解决了很多班主任准备班会课时存在的问题。H老师有意识地加强了对主题班会的研究,一方面,她搜集材料,学习了更多关于主题班会的理论知识,如主题班会课在德育中的地位和作用,主题班会课与主题教育的异同,主题班会课的结构;另一方面,她更加仔细地梳理了自己的经验,明确了主题班会课的类型,对不同年段班会课设计的要点进行了分类,并整理出实际操作步骤,最终形成了一门青年班主任培训课程"爱上班会课——主题班会的设计与实施"。

——上海市青浦区第一中学　黄深洵老师

学习感悟3

第一次开发教师培训课程时,我根本没有思考过这个元问题。但那时的我,确实具有强烈的愿望,想把自身积累了18年的中学数学教学实践经验转化为一门教师培训课程,与更多的同行共研、共享。现在回想起来,书中说的五个能力要点的确是必要条件,再加上科学的开发路径,就能开发出教师培训课程。

——上海市徐汇区教育学院　衣兰老师

04 | 开发教师培训课程的价值与理由

 适用对象及情境

1. 对开发教师培训课程的价值缺乏内在认知的人员。
2. 在外力的要求下不得不卷入教师培训课程开发的人员

 案例引入,聚焦问题

如果您是一位有影响力的优秀教师,或是一位负责区域某学科教材教法研究的教研员或研训员,突然有一天,您接到通知,需要针对区域特定教师群体发展的需求,开发培训课程,您内心真实的想法是什么呢?

笔者曾遇到一位有此经历的研训员朋友,她当时真实的内心活动是这样的:"我很郁闷,脑海里立即蹦出一连串质疑:为什么要我们开发培训课程?这是我们的职责吗?这不是又额外增加了我们的工作量吗?"这等于在她已经不堪重负的工作基础上额外增添了一份压力,她内心充满了质疑与抵触。加上她从未有过开发培训课程的经验,内心亦充满了恐惧、焦虑以及对自己的怀疑,她当时想:"我有能力带着基层的教师一起开发课程吗?"面对课程开发的新任务,她内心又害怕又抵触!

但组织交给的任务不得不执行。刚开始她只是被动地、硬着头皮参与教师培训课程开发的工作。可是,做着做着,她逐渐从内心认同了开发教师培训课程的价值。这是怎么一回事呢?

 释疑解惑,示证新知

这位研训员朋友在带着抵触情绪参加的一次次的专家报告、研修学习、互动研讨中,终于出现了"灵感"时刻,她找到了属于自己的教师培训课程开发的意义,她变得主动、能动,在课程开发上富有热情且创意频出。她找到了哪些教师培训课程开发的意义从而说服了自己呢？归纳了一下，主要有三个。

1. 她发现，开发教师培训课程不是额外增加许多工作量，而是可以让教研活动具有事半功倍的效果。教研活动原本就是针对教师在教材理解、教法、考试中存在的困惑或疑难问题，带着教师一起研讨、实践，探寻解决问题的方案。教师培训课程可以固化教研活动成果，让广大教师不必经历前面教师所经历的艰难曲折、耗时费力的探索过程，只要在吸收前面教研成果的基础上边实践边反思，形成自己的实践智慧即可。所以，开发教师培训课程，短期看起来增加了课程开发教师在经验梳理、组织与呈现等方面的工作量，但从长远来看，具有事半功倍的效果。

2. 她发现，研训员在开发教师培训课程方面具有显著的优势。开发教师培训课程的主要目的之一是解决一线教师的教育教学问题，研训员负责指导区域某学段某学科所有教师的教学工作，不仅自己具有较强的专业领导力，而且见多识广，对本区域优秀教师的实践经验和案例了如指掌，没有人比研训员更具有开发培训课程的优越条件。

3. 她发现，开发教师培训课程能够有力促进自身高质量的专业发展。作为一名研训员，自身的学习与发展是关键能力之一。开发教师培训课程不仅可以促进教师发展，更能够有力促进自身高质量的专业发展，提升自身的专业权威。专业发展本身就是教研员的职责之一。

有先哲说："能够给别人传授知识才是理解事物的最高形式；在测试人的理解力方面最有效的方式莫过于证明这个人能够将自己所知道的知识成功地传授给别人。"

不管您是优秀教师、研训员或是专家学者，证明自己智慧的最高形式，就是教授别人。如果您不仅能够教授学生，还能够教授同行教师，那您该多有智慧呀。

问卷 | 开发教师培训课程的价值与理由

正所谓，赠人玫瑰，手留余香。开发教师培训课程就是这样的事情。这个理由足够让您心动吗？

请把您认可的开发教师培训课程的价值与理由，通过扫描二维码分享给我们。

学思用结合，内化转化

学习感悟1

为什么要开发教师培训课程呢？我认为，在教师本身专业基础上，从心理学层面用"悦己"的心态去拥抱挑战，迎接困难，突破自我，或许能够增强主观能动性。

1. 把师资培训看作自我教学工作的总结与反思。不管是文科还是理科，人类总得不断地总结经验，有所发现，有所发明，有所创造，有所前进。所以，您和学术界权威之间可能只差这个习惯。

2. 把师资培训看作与同行的经验分享和交流。人们从分享食物开始，到后面的科学普及和技术普及，都是在推动进步。"师者，所以传道、受业、解惑也"，本质也是一种经验分享。分享不仅是一种胸怀的体现，还是一个自我反思和思路整理的过程，值得关注的是，分享后的反馈，往往会头脑风暴出异样的火花，收获意外之喜。

3. 把师资培训看作自我完善与进步。"取其精华，去其糟粕"是中国人古老的智慧，大胆尝试达到一种身心的良性循环，能够促进教师自身的可持续发展。

——中国福利会少年宫　张鑫老师

学习感悟2

作为一名从教二十余年的生物老师，从教师职业规划角度来看，我认为有必要开发教师培训课程。

1. 了解需求，组建队伍。由于课程主题是聚焦教育实践的真问题，这门课程可以了解教师的真实需求，提供从新手到专家型教师的方法路径。而各领域或者各种有同样需要的教师可以通过课程组建队伍，促进人才库的培养与储备。

2. 搭建平台，资源共享。终身学习是教师的必备素养，而课程本身就是获取信息的一个重要渠道和纽带，在课程中，教师和学生资源共享、智慧共享，推进教育教学的高质量发展。

3. 传播理念，促进实践。从培训教师的角度来看，培训课程的主题内容更是对其自身教育理念的传播与发扬，志同道合的教师可以继续实践其理念，并在研究和分享交流中提升反思品质，不断提升理念，落地实践，实现可持续发展。

——中国福利会少年宫　周建中老师

学习感悟 3

  细读完文本后,我对开发教师培训课程的缘由有了更为深刻的认识。从发展的维度看,"互联网+教育"是时代所趋,进而带来教育观念的改变,在教学中立足点不同,出发点不同,教学流程也就较之以往迥然不同。教师要想胜任新时代的要求,成为一名内外兼修的"新"教师,就一定要学习新的课程,不断丰富自己各方面的知识储备。同时,开发教师培训课程是学科知识内在的要求,新的知识点如雨后春笋般涌现,教材的改变印证了这一点,同时也间接地告诉教师要用与时俱进的心态去学习每一节培训课程,因此,开发丰富多彩的教师培训课程势在必行。

——上海市晋元附属学校 孙凯老师

05 | 简单体验教师培训课程开发之旅

适用对象及情境

1. 想要了解或开发教师培训课程的人员。
2. 对以下问题抱有好奇心的人员：
教师培训课程的开发过程究竟是怎样的？

我们有时会趁假期出去旅行释放身心。在旅行前，我们一般会自己或请旅行公司来规划行程。在正式开发教师培训课程前，您一定也有同样的冲动，想要事先了解教师培训课程开发的大致路线。来吧，跟我们一起乘上课程开发的专列，看看一路上经过的站点和沿途的风景。这里，我们要提示一下：整个旅程大致可以分为五段，每段又由若干小站构成。

释疑解惑，示证新知

请您准备好，我们出发了！

第一段路程是"确定课程主题"。途经三个小站，分别是"确定培训对象""开展需求分析""确定课程主题"。经过这段路程，您才能够基本确定要开发一门什么样的课程。

第二段路程是"确立课程目标"。途经"确立课程目标"一个小站。经过这段路程，您将会明确通过这门课程的学习，究竟会将参训教师引向何处，期望参训教师达成哪些学习结果。

第三段路程是"选择与组织课程内容"。途径三个小站，分别是"搭建内容框架""选择与确定内容""组织内容"。经过这段路程，您才能够呈现出富有条理性与针对性的培训内容。

第四段路程是"设计教学活动"。途经两个小站,分别是"细化教学流程""设计学习方法"。经过这段路程,您会感悟到教师学习的特点,并能根据教师学习的特点来设计有趣有效的培训活动。

第五段路程是"设计评价活动"。途经"设计评价活动"一个小站。经过这段路程,您可以掌握如何设计有效的评价任务来检测目标的达成度。

这五段路程走完,还要经过一个艰难试用完善的过程,我们的课程开发专列才能到达目的地。

请大家下车前与我一起再回顾下经过的五段路程共十个小站,从前到后依次是:(1)确定培训对象;(2)开展需求分析;(3)确定课程主题(第一段"确定课程主题"结束);(4)确立课程目标(第二段"确立课程目标"结束);(5)搭建内容框架;(6)选择与确定内容;(7)组织内容(第三段"选择与组织课程内容"结束);(8)细化教学流程;(9)设计学习方法(第四段"设计教学活动"结束);(10)设计评价活动(第五段"设计评价活动"结束),见图1,接下来就是试用完善。

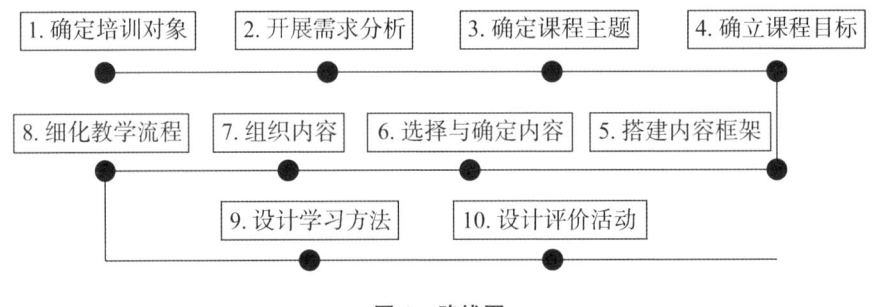

图 1　路线图

看到这个路线图,有教师可能会觉得似曾相识。对的,教师培训课程开发的流程与学生课程开发的流程基本相似,与教师授课前需要先思考学段学科的课程目标、课程结构、课程内容安排、评价要求,再设计教案与教学活动的过程也基本相似。

所以,掌握课程开发的基本流程对您来说并不难。本书基本上也是按照这一路线图来组织内容的。

这里请大家再思考一个问题:这个流程是唯一的、不可更改的吗?请扫描二维码把您的理解分享给我们。

学思用结合，内化转化

学习感悟 1

  开发教师培训课程时，一线教师通常会面对两种情况，一是工作需要；二是自我驱动，希望把个人认为有价值的经验与信息分享给教师。第一种情况下的课程开发类似于命题作文，课程开发者拿到选题后，先思考其意义与价值，再厘清概念，选择方法，实践运用。开发培训课程的流程大致是确定选题→预设目标→组织内容→设计活动→研制评价方案→修订目标→修订内容与活动……第二种情况下的课程开发通常是先有内容，因此，课程开发者往往先按教师实践与思考的逻辑构建内容，再思考内容指向的问题，由此设计课程目标并确定选题。开发培训课程的流程大致是构建内容→设定目标→思考评价→修订内容、设计活动（同步进行）→修订评价方法→修订活动……

——上海市长宁区教育学院　朱颂华老师

学习感悟 2

  回想自己的课程开发之旅，我的确没有错过每一段精彩的行程，包括沿途景色优美的小站。我很庆幸自己买了这趟旅行的"车票"，在"导游"的引领下体验了各种方法技术的完整过程，在"游泳中学会游泳"，在体验中掌握精髓。

  作为一名数学教师，我经常听学生说："老师，这道题目我一看就会，一做就错。"听到这些话，我就会说："结构性知识已经梳理完毕，现在请你把笔拿起来，按照老师讲的过程自己做一遍。"

  如果您已经悉知了"行程与路线"，下一步就请一起"卷入"这次的活动吧！

——上海市徐汇区教育学院　衣兰老师

学习感悟 3

  我想分享我校英语教研组关于英语项目化学习主题确立与实施的一个案例。

1. 积极应对挑战，基于素养培育确立主题

  2020 年初，疫情的出现打乱了我们的生活节奏。"这种病毒是什么样子的？""它的威力为何如此大？""你知道如何打败它吗？"学生一定有很多问题，于是我校英语教研组进行了线上讨论。经过组内积极讨论，我们确定了学生自主探究的主题——抗"疫"小达人，以 Home learning 的模式进行主题式的项目化研究，让学生了解病毒、预防病毒、知道如何战胜病毒。

2. 团队深入研讨，确定探究目标与思路

"抗'疫'小达人"项目让学生通过各种方式了解病毒的相关知识，进一步挖掘疫情背后的情感、态度与价值观。我们希望通过项目化学习将疫情危机转化成生动的教育资源，引导学生关注社会问题，促进学生深层次思考和探索，进一步增强学生的学习主动性和成就感，提升学生的学习能力和学习素养。

在项目化学习开始前，我们罗列了相关的知识点，在此基础上进行能力的综合与提炼。我们借助主题项目化学习，让学生学会运用语言，提升学生在真实情境中的表达能力，如英语的听、说、读、写、演能力，促进学生对关键概念的理解与运用。

3. 设计驱动性问题，优化探究任务与内容

我们基于What、How、Why三大板块对项目化主题进行探究，通过英语教研组线上积极讨论，最终确定了驱动性问题：How to be a virus hunter?（如何做一名"病毒猎手"?）英语教研组教师经过充分讨论，最终确立了三大板块的项目化内容，分别是科普病毒小知识、配音预防小贴士、主题抗"疫"小项目，以期让学生成为"小小病毒讲解员""小小温度检测员""小小预防宣传员"。以学生为主体，教师引导学生学习了解病毒；基于学习兴趣，学生自主配音有关病毒的视频；通过深度学习与了解病毒，学生自主进行主题抗"疫"的小报制作。我们希望通过趣味性、真实性的任务激发学生的学习需求和兴趣。

4. 学生积极参与，进行多样化的实践

按照项目设计，学生进行了多样化的实践。在学习实践中，项目化涉及较多的审美性实践、社会性实践和技术性实践。我们将媒体制作和项目化主题创作结合起来进行审美性实践；将沟通和交流部分与英语的听、说、读、写、演结合起来进行社会性实践；将思维导图绘制与微视频的制作等结合起来进行技术性实践。

5. 依托网络平台，设计成果展示

本次项目化学习成果的传播和公开可以借助多种方式，如演讲、答辩，也可以借助公共媒体让作品可视化。我们以网络学习资源、工具、平台、空间为依托，展示项目化学习成果，同时倡导学生运用评价量规对同伴的作品进行分析、评论，引导学生对他人所给出的评论进行反思，促进学生对核心知识的深度理解、运用和迁移。学生完成的作品都上传至我校的电子网络档案"学生成长E档"，师生互评，生生互评。我们不仅为学生提供了一套比较科学、全面的评价体系，还让每个学生都能感受到自己的付出和进步，享受进步的喜悦与自豪。

——上海市中山北路第一小学　邱晓鬲老师

06 | 一门理想的教师培训课程的基本要求

 适用对象及情境

1. 想要了解或开发教师培训课程的人员。
2. 对以下问题抱有好奇心的人员：
教师培训课程有哪些基本要素？对这些要素的应然要求是什么？

 共情互动，聚焦问题

简要了解了教师培训课程开发的基本流程后，您会发现，教师培训课程开发与您熟悉的校本课程开发、教学设计与实施的基本步骤没什么本质上的不同。接下来，您可能会提出一个问题：一门理想的教师培训课程具备怎样的特征？这是一个好问题，也是一个复杂的问题，因为在不同时期有不同的特征，而不同的人也有着不同的看法。这本书的每个章节都在向您呈现，我们对受教师欢迎的教师培训课程特征的理解。在此，我们用一个例子，让您对我们认为的"好"的教师培训课程的特征有个粗略、整体的印象。

 释疑解惑，示证新知

下面以"小学生常见运算错误与对策"这门教师培训课程为例，简要谈谈它在课程要素上表现出来的特征。

1. 课程主题具有小、实、快的特点。首先，主题小而具体，聚焦小学生常见运算错误这个具体问题。其次，主题实在，这个问题的确是小学数学教师在教计算相关内容时的困惑点与疑难点。最后，主题学习见效快。这门课程一天即可学完，让教师真实感受到学有收获、心头一喜。

2. 课程目标具体、可测量、可达成。这门课程有两个目标：一是参训教师清楚小学生五种常见运算错误，并能够对小学生实际的运算错误进行正确的原因分析;二是参训教师掌握相应的五种纠正小学生运算错误的对策,并能正确操作。这两个目标都非常具体、可测量,在一天的培训中可以达成。

3. 课程内容精当,围绕问题解决思路来组织。这门课程围绕课程目标与教师感兴趣的"小学生运算错误的相应教学对策"来组织,精选了小学生典型运算错误的表现、错误的原因以及相应的教学对策三项内容,即按照"问题聚焦—原因分析—解决办法"来组织内容,受到了教师的欢迎。

4. 教学活动安排遵循首要教学原理。首要教学原理强调"聚焦问题—激活旧知—示证新知—应用新知—融会贯通"五环节的重要性。这门课程首先通过呈现小学生运算中常见错误,引起教师强烈的共鸣,从而聚焦运算错误何以发生这一关键问题;其次通过引导教师讨论,明确错误产生的五种原因及相应的教学对策;最后引导教师进行实践练习,判断错误的原因,模拟演练相应的教学对策。当然,为了达到融会贯通的目的,教师必须在实际的工作中反复操练并根据实际应用情况进行反思调整。

5. 评价任务简单、有效、清晰。这门课程针对一项评价作业,要求参训教师提交一个自己运算教学中比较成功的纠正小学生运算错误的成功案例。案例的格式与要求如下:(1)案例名称;(2)教学对象;(3)课时教材;(4)计算错误的表现(贴图);(5)对计算错误原因的分析;(6)主要教学步骤;(7)对成功原因的简要分析(100字内)。有了这样的格式与要求引导,教师只要集中精力填写实质性内容即可。

这样一门教师培训课程具体明确、简单易学、容量小、见效快。

您可能会说,培训课程是多样的,有些培训课程主题比较大,容量也比较大,难道就不能成为理想的教师培训课程了吗?的确,培训课程主题、容量可以多样,但理想的教师培训课程一定是针对培训对象需求的,课程设计者要把培训内容转化成参训对象易于理解的学习材料和活动,让参训教师有实实在在的获得感。

问卷|一门理想的教师培训课程的基本要求

您的想法呢?请扫描二维码把您的体悟分享给我们。

 学思用结合,内化转化

学习感悟1

本次学习以"小学生常见运算错误与对策"为例,从主题、目标、内容、策略、评价五方面,生动形象地阐述了课程基本要素的规范性,每个部分都简短精巧,教师很容易就能读懂内容,掌握诀窍,并进行实践。以评价环节为例,培训课程不仅仅是布置作业,而是根据培训内容设置作业提交方式,利用现代化手段明确格式和要求,让教师直接填写实质性内容。这样的评价方式,一方面充分站在教师角度思考问题,帮助教师减轻压力;另一方面,作业提交的过程本身就是对本次培训内容的巩固学习和强化。这样的培训课程,应该是很多教师期待的。

——上海民办兰生复旦中学 盛利铭老师

学习感悟2

一门课程,尤其是一门适用于教师培训的课程,不仅要具备课程目标、课程内容、课程结构和课程评价这四个基本要素,还应具备以下几个特点:(1)适切性,实事求是,能够解决一线教师的教育教学问题;(2)前瞻性,培训不仅是对已有经验的总结分享,还要面向未来,能够对教师培训进行前瞻性思考;(3)指导性,课程内容要有一定的指导性,能够为参训教师提供具体路径;(4)易操作,培训后教师可以根据具体路径和方法进行实践,容易操作,才能提升培训实效。

——中国福利会少年宫 周建中老师

学习感悟3

以"零基础学会裸眼观星"课程为例,这门课程聚焦观星零基础的教师,针对裸眼观星这个具体问题,直面教师在实践应用中的难点,一天的课程学习就可以让教师入门并有获得感。课程目标有两个:一是参训教师了解基础的天空景象、天体名称和特征;二是参训教师学会借助基础的观星工具快速掌握基本的裸眼观星技能,享受观星的乐趣。课程内容涉及新手观星的准备工作、观测对象、观星方法、观星工具、观星实践等,重点解决零基础教师裸眼观星的问题。教学活动设计以激发兴趣、聚焦解决关键问题、引导教师实践应用并进行反思为重点,评价任务为要求学习者用手机拍摄夜晚的星空照片,用箭头、连线、文字注释说明等方式标记该星空中最典型突出的天体或星座名称,上传至学习共享平台进行分享交流。

——上海市宝山区青少年活动中心 成洁瑶老师

07 | 教师培训课程开发常见问题

 适用对象及情境

1. 想要了解或开发教师培训课程的人员。
2. 对以下问题抱有好奇心的人员：
教师培训课程开发中常见的误区有哪些？尤其需要关注什么？

 回顾反思，聚焦问题

不管您已经开发过教师培训课程，还是准备开发教师培训课程，这一旅程都相对漫长曲折，有些路段盘旋往复，一路充满酸甜苦辣。撇去诸多细节与曲折不谈，用最简单的线性思维为该旅程的关键线路做个简略的路线图，能让您事半功倍，具体内容请参考本章"简单体验教师培训课程开发之旅"相关内容。总结分析一些课程开发者一路走过来的经验，有四个共性的问题时有发生，就像您在旅行中特别容易遗忘一些物件一样，有必要特别提醒您注意。

 释疑解惑，示证新知

一是容易遗忘教师。教师培训课程服务的对象是参训教师，只有参训教师学得好、有收获，培训课程的目标才能达成。可是，有些培训课程开发者一旦进入开发旅程，就会不自觉地以自我为中心，自己有什么、自己认为什么重要就给参训教师什么，较少站在参训教师的视角对自己的知识进行转化或"解压缩"，导致有些内容虽好但学习者理解不了。一句话，这些培训课程开发者恰恰把教师给遗忘了。要开发出受教师欢迎的课程，一定要真正理解与关注教师的需求。

二是怀疑自己的经验。不管是高校教师还是中小学教师，在教育教学实践中都积累了大量的事例经验，形成了解决某一类问题的"类经验"，而这些相互关联的"类经验"又形成了个人的教育思想体系。但在课程开发的过程中,我们时常听见他们喃喃自语:"我的这些经验站得住脚吗?是不是别人也有这样的经验,而且比我的更好?"

这的确是一个专业人员应有的严谨态度,同时也说明,课程开发者需要在识别、萃取自己的核心经验方面继续钻研,同时积极学习了解同类经验与相关知识,在同类培训课程中找到自身经验的价值与独特性,增强对自身核心经验的信心。但教育教学工作是一个极富实践性、情境性的工作,您在一定情境中探索的解决具体问题的典型经验肯定会对一些同行有所启发。所以,只要您的经验切实有效,经过理性总结与提炼,一定可以转化成培训内容。

三是课程素材单一。我们发现,一些培训课程开发者开发的培训课程中,课程素材多是实践案例、相关理论或政策、专家观点等,素材相对单一,不够丰富、生动。这里简单列举12种素材:(1)实践案例;(2)现场演示;(3)体验活动;(4)人物采访;(5)相关理论或政策;(6)专家观点;(7)故事或寓言;(8)游戏;(9)公开的视频;(10)相关图片;(11)调查或实验数据;(12)测试题。要做到素材丰富,需要您平时多学习和积累。

四是缺乏技能方法。教师培训课程开发中有许多具体实用的技能,如目标研制、内容组织、活动设计,许多从事培训课程开发工作的教师因为缺乏相关知识与技能储备,在一些具体细节的设计上还不够精准,又因为缺少对当前先进培训方法的了解与掌握,很难根据培训情境进行娴熟运用。任何一种技艺都需要多次实践、刻意练习才能熟练掌握。课程开发也是一样,需要您进行大量的反思性实践和锻炼。

我们也遇到过上述种种问题。在多次实践后,我们有了一些经验,这些经验虽然还有待检验与优化,但我们想尽早分享给您,让您在批判性学习中,加深感悟,少走弯路。

本书就是帮助您解决这些问题的拐杖,相信您一定会做得更好!您可以扫描二维码把学习体悟分享给我们。

问卷 | 教师培训课程开发常见问题

学思用结合，内化转化

学习感悟1

教师培训课程开发旅程常见问题中的首个问题"容易遗忘教师"，很耐人寻味。究竟是遗忘教师好，还是不遗忘教师好？如果遗忘教师，就如文中所言，会陷入以开发者为中心的狭隘局限中，不能达到预期的培训效果；反过来想，如果不遗忘教师，就会给开发者带来局限，因为课程的每一步设计都要兼顾学习者的感受。如果开发者能结合政策和时代的需要，开发出一系列的课程，由教师自己去选择，或许是一个较好的方案。开发过程中要兼顾学习者和开发者，找到一个合理的平衡点。培训课程的时长、案例的选择等都要重视。

——上海市晋元附属学校　孙凯老师

学习感悟2

教师培训课程开发中的常见问题在"五步玩转教师培训课程设计"这门课中有了很好的提炼和呈现，个人非常认同其中的四个提法：容易遗忘教师、怀疑自己的经验、课程素材单一、缺乏技能方法。在实践和反思中，我比较看重教师培训课程开发的两个关注：一是关注教师的需求，以教师为中心，研发课程内容；二是关注教师的成长，通过互动和体验，了解教师在培训中的收获，将这些内容生成和转化为新的课程内容。当培训者和学习者都成为课程开发的主体，这种课程开发的双主体效应就会发挥很好的作用，让一门课的设计、开发、实施做得更好，正如"五步玩转教师培训课程设计"这样的好课，能深受教师的喜爱和认同。

——上海市黄浦区教育学院　陈亚莉老师

学习感悟3

我们经常会听到一些教师对培训课程的吐槽：内容干巴巴的，理论与实践两张皮，讲到的方法很少能用上。可轮到他们自己开发培训课程时，这些问题也很难完全避免。关于这个问题，可以从两方面来看，一是课程开发者受已有理念和现实环境的影响；二是课程开发者往往希望借鉴前辈已有的经验，不希望有过于超前的课程理念，或者害怕新尝试会带来课程设计的失败。受上述内因和外因的共同影响，虽然我们会吐槽别人课程设计中的种种问题，但在实际教学中，我们依然难以避免这些问题。

——上海市第三女子中学　秦岭老师

第一步　确立课程主题

❋ **本章学习目标**

1. 掌握确立教师培训课程主题的两种方法
2. 掌握 5W2H 教师培训需求诊断方法与技术
3. 理解理想的教师培训课程主题和名称的特征

✳ 本章学习路线

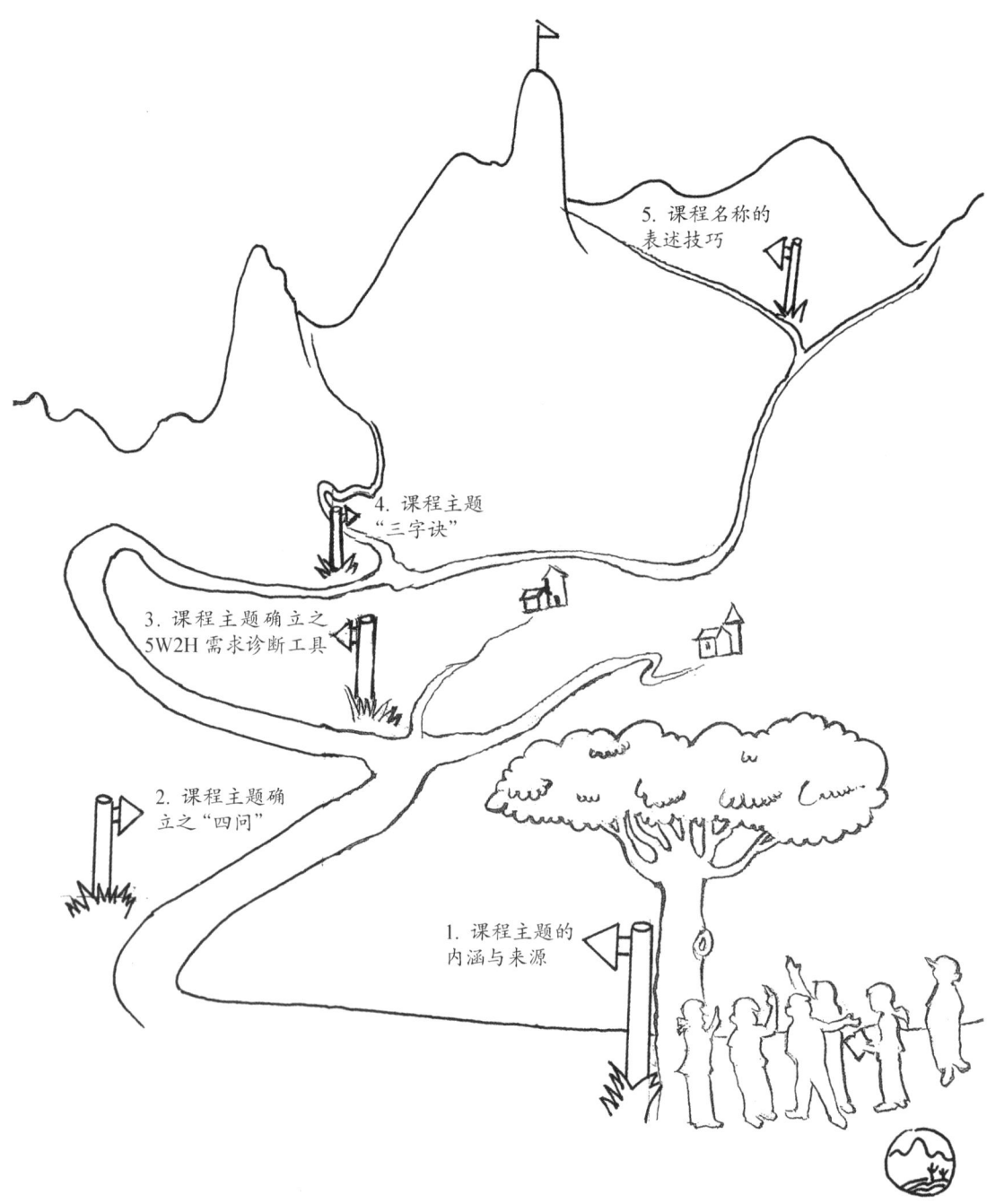

（绘图 范瑞华）

08 | 课程主题就是课程名称吗

适用对象及情境

1. 深陷课程主题确立与课程开发任务的人员。
2. 对以下问题抱有好奇心的人员：

教师培训课程主题与教师培训课程名称是一回事吗？

激活经验，聚焦问题

在日常学习与生活中，我们会在不同的场合用到主题一词，如"这篇作文要反映的主题是感恩"，这里的主题指的是文章或文艺作品的中心思想；又如"我们谈话的主题一直围绕着个人的兴趣特长来进行"，这里的主题指的是主要内容；再如"抗疫者是我们这次绘画作品的主题"，这里的主题指的是文艺创作的主要题材。当然，主题有时就是指题目。在开发教师培训课程时，课程开发者遇到的第一个紧要问题就是"我要开发一门什么课程"。这就是在追问教师培训课程的主题。那教师培训课程的主题又如何理解呢？

释疑解惑，示证新知

我们认为，教师培训课程的主题可分为两种：第一种是指教师培训课程的主旨内容；第二种是指教师培训课程的题目。如果把教师培训课程主题理解为课程的主旨内容，课程名称就是主题的一种显性表达，这样一来，一个课程主题可以用不同的名称来表达，但总有一个名称是最贴切的。如果把教师培训课程主题理解为培训课程的题目，这个题目就要贴切地表达出课程的中心内容。

我们在这里采用的是课程主题的第一种含义，主题是课程的主旨内容，名称是主题的表达。如同我们在考试中遇到的一种阅读测试题目"给短文起个标题"，当我们在苦思冥想给短文起个什么标题时，我们其实一直在思索"这篇短文到底在讲什么或者它传达的主旨是什么"。这个思考过程就如同在思考教师培训课程的主题,最后给出的标题就相当于教师培训课程的名称。一个主题可以有多个名称,但总有一个名称让您觉得贴切、生动、新颖。

如何尽快确立一个课程主题呢?有丰富经验的课程开发者会采取一些有效的措施。如当他观察到当前教师普遍存在着有效进行单元教学设计的需求时,他会想:"这会不会是一个不错的主题?如果是,我要开发的单元教学设计指导课程,是面向所有教师还是面向小学语文教师呢?"根据现有的资源状况与优势经验,他最终决定开发一门"面向小学语文教师的单元教学设计指导"课程。

这个简单的思考过程启示我们,在确立课程主题的过程中,至少要考虑三个关键因素。一是教师有什么需求,即需要帮助解决或得到指导的方面。在上述案例中,课程开发者觉察到的是教师有效进行单元教学设计的需求。二是具体指向哪些教师,需要明确具体服务对象,如小学语文教师。三是自己当前拥有的资源条件,思考这些资源条件是否有助于该课程主题的开发。

问卷丨课程主题就是课程名称吗

经过这样一个思考过程,一个初步的课程主题就逐渐确立了。我们建议您在确立课程主题时,重点考虑需要解决的问题、具体的学习对象、解决问题的可行性三个因素。

您的这个问题是否解决了?请扫描二维码把您的体悟分享给我们。

学思用结合,内化转化

学习感悟1

看了这部分内容,我很受启发。根据课程主题确立的过程,结合自身对课程主题确立的体会,我谈谈自己的做法。

首先,我发现一些教师不会写案例,确切地说,是写不出好的案例。要提升教师的专业反思能力,教他们写好案例是事半功倍的好方法。显然,教师需要学习案例的撰写技巧,这是教师的需求。

其次,我是区科研员,负责的学段是学前教育。根据工作对象和资源条件,加上幼儿园具有区别于中小学教育的显著特点,我只针对幼儿园教师开发案例撰写的课程。这样开发出来的课程符合该学段教师的需求,我也可以有的放矢。

最后,这门课程并非对案例撰写泛泛而谈,而是要让教师掌握好案例的撰写技巧。因此,把课程主题定位为"幼儿园案例撰写 N 个小技巧",才有潜力使之成为一门受教师欢迎的课程。

——上海市长宁区教育学院　汪光珩老师

学习感悟 2

我认为,课程主题是课程建设者和培训者想要让学员掌握的核心内容,而课程名称是将课程主题的突出特点显性化,更加直接地传达给学习者;课程主题能够决定课程名称,而课程名称对于课程主题具有点睛作用。从中我们还可以看出,如果要设计出学员满意度高的课程,一方面要面向学员定制开发,指向具体学科和学段;另一方面要量力而为,根据当前有限的资源来拟定主题,建设课程。

——上海市师资培训中心　张怀浩老师

学习感悟 3

课程主题是课程的主要内容,而课程名称是在课程主题和课程内容的基础上研发的。我个人认为课程名称不能拗口,不能太长,最好具有一些趣味性和引导性。但如何起一个朗朗上口又切中重点的课程名称,也是我在课程设计中一直思考的问题。

——上海市浦东新区东方幼儿园　张文钧老师

09 | 课程主题从哪儿来

 适用对象及情境

1. 深陷课程主题确立与课程开发任务的人员。
2. 对以下问题抱有好奇心的人员：
教师培训课程主题除了从需求调查中来，还可以怎么产生？

 回顾反思，聚焦问题

前面一节我们提到，无论您是迫不得已还是积极主动要开发一门教师培训课程，您遇到的第一个紧要问题都是"我要开发一门什么课程"。要开发教师培训课程，却不知道自己能够开发一门怎样的课程，这也许是许多课程开发者在课程开发前就面临的问题。那如何产生一个课程主题呢？课程主题一般从哪儿来呢？我们继续深入探讨这些问题。

 释疑解惑，示证新知

课程主题的主要来源是教育教学实践中的问题、教育教学改革的要求、教育教学经验等。确定一个主题需要综合考虑两个维度：一个是实践需求，一个是优势经验。我们把实践需求强度作为横坐标，由左到右强度渐强，把优势经验强度作为纵坐标，由下到上强度渐强，构成了四个象限（见图1）。

右上象限属于"首当其选类"选题。也就是说，位于这个象限的选题既是学习者培训需求比较迫切且富有价值的，又是开发者个人具有经验优势的。这类选题应优先开发。

右下象限属于"蓄势待发类"选题。也就是说，开发者敏感地觉察到学习者迫切的培训需求，然而自己的相关经验却比较缺乏。建议开发者一方面积极寻求与具有相关经验的人员的合作；另一方面弥补与完善自己的相关知识，待时机

图 1　主题选择象限图

成熟后再进行相应的课程开发。

左上象限属于"束之高阁类"选题。也就是说,开发者在某方面具有显著的优势与经验,然而这方面经验知识是学习者当前不太需要的,对教师专业发展来说帮助不大。这类选题应暂时搁置。

左下象限属于"弃之不理类"选题。也就是说,位于这个象限的选题既非学习者的迫切需求,也非开发者的优势所在。这类选题应立即放弃。

下面给大家举个例子。丁老师是一位善于思考的物理老师,他发现学生普遍对物理学习的兴趣不高,而且其他物理老师也有同感。他们分析了可能存在的原因。有学生的原因,如物理基础差,听不懂,学不会,没有信心。也有教师的问题,如(1)课堂教学模式单一,以大班上课为主,小组讨论与个别辅导不足,需要将班级授课制与小组讨论、个别答疑相结合;(2)课堂教学方法单一,连实验操作也是采取讲授的方式,需要将教师讲授与实验操作、学生练习相结合;(3)评价方式单一,以考试为主,成绩差的学生很难体验到学习的成功,需要将形成性评价与终结性评价相结合。广泛听取建议后,丁老师发现与教师有关的问题普遍存在,这些也是其他物理老师想要尝试解决的问题。在第一个问题的解决上,丁老师有兴趣但缺乏经验,他暂时搁置在一旁;在第二个问题的解决上,丁老师有兴趣有经验有信心,他决定以"物理实验教学方法"为题开发一门课程;在第三个问题的解决上,丁老师有兴趣但缺乏经验和信心,他也暂时搁置在一旁。

问卷 | 课程主题从哪儿来

通过对问题进行梳理,对需求、自身经验等进行比较筛选,丁老师确定了"物理实验教学方法"的培训课程主题。

您会选择自己的课程主题了吗?请扫描二维码把您发现与选择课程主题的过程分享给我们。

学思用结合,内化转化

学习感悟 1

我们的培训主题一定要"接地气"。能够真正帮助教师解决他们在一线教学中的问题是师训教师的主要职责。那么,课程主题从哪儿来呢?(1)结合学科特点,解决共性问题。作为一名科学教师,我可以先从科学课堂、科技竞赛和科普活动等做起。(2)分享个性问题,培养教师的问题意识和前瞻性预设能力。(3)实事求是,问卷调查。利用好现阶段成熟的技术平台,可以更好地进行大数据分类、分析,找到恰当的培训主题。

——中国福利会少年宫　张鑫老师

学习感悟 2

丁老师的例子可以说是一个范本,他在确立课程主题时,对问题的剖析及梳理很明确,非常具有研究精神。但如果在实际工作中真要这么做,似乎工作量有点大。

学习资料中提供的四个象限的方法,是非常好的,为课程开发者指明了确立课程主题的路径和方法。

——上海市长宁区教育学院　汪光珩老师

学习感悟 3

我觉得可以从三个角度确立培训课程主题。(1)源于教师的真实需求。基于教师教学真实情境中遇到的问题,对共性问题进行归纳梳理,总结出方法和规律,进而确立课程主题。(2)源于时代发展的需要。因为国家或时代发展需要而开展的新教材、新教法、新理念培训,也是教师专业发展迫切需要的。(3)源于教师"强基"的需要。有些知识或技能虽然看似教师都会,应用频率非常高,但却更容易被忽略,所以基于增强教师基本技能的培训,也是可以确立课程主题的。

——上海市师资培训中心　王树生老师

10 | "四问"让您的课程主题冒出来

  适用对象及情境

1. 深陷课程主题确立与课程开发任务的人员。
2. 对以下问题抱有好奇心的人员：
我有很多经验，究竟哪些经验可以成为课程开发的主题？

  共情互动，聚焦问题

我们都知道，教师培训课程开发的出发点是教师的需求，教师培训课程主题的产生也一样。教师培训课程主题最重要的一个来源是教师的教育教学实践需求。如在疫情期间"停课不停学"的背景下，教师非常需要在线教学工具的使用方法与在线教学攻略，于是，"在线教学攻略""直播工具的使用"等课程主题就应运而生了。不过，有些课程开发者说，我也知道这些主题很好、教师很需要，可是我没有这方面成熟的经验，这不能成为我的课程主题。我有一些其他的经验，可能有些教师会需要。如何帮助具有丰富教育教学经验的教师比较简单、高效地确立课程主题呢？

  释疑解惑，示证新知

这里有一个简单实用的方法，能够让您轻松确立课程主题，您只需要认认真真地回答四个问题就够了。

一问：我有什么经验可以教给其他教师？

这个问题旨在引导课程开发者认真回顾、比较与筛选自己有哪些独到的教学经验或实践智慧。这里所讲的教学经验或实践智慧是指从个人的观察或他人的反馈中确认的那些具有积极、显著效果的做法，表现为某些方面的妙招、诀窍或核心经验等。必须强调的是，您的经验需要真实有效，并且能够清晰地表达。

例如，有教师说："我在班会活动设计方面很有经验。"这就比较聚焦。有些教师的回答就比较宽泛，如"我在教学设计方面很有经验""我在教学管理方面很有经验"。这些回答过于宽泛，等于说不清自己的经验，需要进一步聚焦。

二问：我的经验可以帮助哪些教师解决什么问题？

这个问题旨在引导课程开发者思考自己的经验实际上解决的是什么问题，这个问题通常是特定群体教师中常见的突出问题。请注意这里有两个关键点："解决什么问题""哪些教师"。前者帮您理清解决什么问题，后者帮您定位您的经验对谁有用。只有综合考虑这两个关键点，课程开发者才能聚焦已有经验中的适当内容，一个适切的主题才有可能产生。

比如，您在班会设计方面的经验，解决的是如何让学生有效卷入、培养学生自治管理能力的问题，还是主题班会中如何确立适切主题的问题，抑或如何让班会活动形式多样、有创意的问题？这些问题通常是哪一类班主任最为突出、迫切需要解决的问题？是新任班主任，还是特定学段所有的班主任，还是不分学段所有的班主任？通常，对象越聚焦，主题的针对性也会越强。

课程开发者只有把自己的经验、要解决的问题与特定学习对象相对照，才能明确自己要聚焦的经验，一个适切的主题才有可能产生。

三问：这些问题真的存在吗？

这个问题引导课程开发者以慎重、严谨的态度去证实或确认特定学习对象迫切需要解决的问题，用调研或观察数据等证据去支持或修正自己的判断，以便对特定学习对象存在的迫切需要解决的问题进行准确的把握。以学习者的需求为中心，以问题解决为中心，这既是教师培训课程的应有之意，也是教师培训课程具有针对性与实效性的关键。

比如，李老师发现幼儿园教师在创设适切的自主游戏环境方面存在问题，迫切需要解决。她对区域幼儿园进行了抽样调研，证实教师在幼儿自主游戏环境创设方面存在着困惑与误区。她坚定了自己对教师需求的判断，从而确立了一个适切的课程主题。

四问：解决这些问题究竟有什么价值？

这一问题旨在引导课程开发者再次思考与确定课程主题的价值，澄清关键问题的解决对实践改进和学生发展的重要意义。

比如，解决了幼儿园教师在幼儿自主游戏环境创设方面的问题，就能够提高幼儿自主游戏活动的质量,幼儿生动活泼的发展就能得以实现。自主游戏在幼儿发展中既普遍又关键,这一问题的解决对促进幼儿的发展具有重大意义。

您可以思考自己经验的意义,从而确立一个真正有价值的课程主题。

我们再来回顾一下"四问",即一问:我有什么经验可以教给其他教师?二问:我的经验可以帮助哪些教师解决什么问题?三问:这些问题真的存在吗?四问:解决这些问题究竟有什么价值?我们指导过很多教师,绝大部分教师运用这"四问",很快就找到了一个有价值的课程主题。相信您也能够做到!

赶快试试吧!请扫描二维码把您的体验告诉我们。

问卷 | "四问"让您的课程主题冒出来

 学思用结合,内化转化

学习感悟 1

利用"四问",我初步确立了一个课程主题"初中语文阅读教学中高阶思维能力的培养"。我是这样应用"四问"的:

一问:我有什么经验可以教给其他教师?

2016年暑假,在一次年会中,我接触了批判性思维。后来,学校里有教师做高阶思维的课题,我向她请教了不少经验方法,在自己的课堂中也尝试着去使用。2018年,我申请的区级青年课题就是研究高阶思维的。这两年多时间里,我边学习理论边实践,摸索出了一些方法,希望和其他教师交流分享。

二问:我的经验可以帮助哪些教师解决什么问题?

我的实践探索主要基于初中阶段的语文阅读教学,所以可能对与我同一学段和学科的教师更有参考价值。该课程旨在给教师提供一些方法,帮助他们在平时的阅读教学中培养学生的高阶思维能力,让学生学会思考,提高学生的思维品质,让学生思考时有方向、有方法。只有从根本上提高学生的思维品质,才能使他们言之有物,进一步提高他们的阅读能力、表达能力和作文水平。

三问:这些问题真的存在吗?

在日常教学中,教师提出的基本上是有标准答案的应试型问题,很少有精心设计的高阶学习问题。大部分学生都停留在表面或较浅的思考层次,读文章时读得较浅,深一些、难一些的就理解不到位,对于复杂问题更是难以思考全面。学生表达观点时容易人云亦云,很难有自己独到的见解,即使有想法,也比较零碎,不成系统。课后,学生为了考出好成绩反复做题,却丧失了创造性。在探究活动中,学生也只是用互联网简单收集和整理资料,没有自己深入的思考。

四问:解决这些问题究竟有什么价值?

一是可以促进学生理解与运用知识。学生在分析、评价、创造等较高认知层次上进行理解性学习、协作探究,通过复杂的思维过程解决问题,有利于深度理解和灵活运用知识。二是有利于学生创新能力的培养。在教学过程中,教师通过关联已知与未知的知识,运用类比推理、演绎归纳等思维活动,让学生对概念知识有深入的理解,这有助于学生将所学知识运用于新问题、新情境。

——上海市嘉定区丰庄中学　张梦楚老师

学习感悟2

利用"四问",我确立的课程主题是"提升班主任生涯教育能力的课程开发"。

一问:我有什么经验可以教给其他教师?

作为一名中学心理教师,从2016年开始我接触了生涯教育,并参与了上海市教委联合第三方生涯教育培训机构开办的"生涯规划师(中级)"培训班,系统了解了关于生涯教育的理论知识和实践应用方法,对自我生涯发展规划很有启发。2016年暑期培训时,我对全校教师进行了讲座分享,效果很好。随后,我和学校德育团队确立了生涯教育的发展项目,并积极联系资源、申报课题。2018年,我再次参与了第三方生涯教育培训机构开办的"生涯规划师(中级)"培训班,本次研修更注重生涯理论知识在教育教学中的运用,更适合我学习和运用。随后,我开展了以"教师生涯课程设计"为主题的校级教师培训,效果良好。同时,我在区级生涯课题的研修中积累了一些实践经验。所以,关于生涯教育的课题,我有比较丰富的学习和实践经历,可以在进一步优化的过程中分享给更多教师。

二问:我的经验可以帮助哪些教师解决什么问题?

在中学开展生涯教育十分必要,但仅靠心理教师势单力薄,所以,应带动更多教师加入生涯教育师资队伍。我的经验可以帮助班主任了解生涯知识,提升班主任的生涯教育教学能力,使班主任以与班级联系更紧密的生涯导师的身份指导学生了解自我、发展自我,引导学生探索适合自己的生涯成长路径。

三问:这些问题真的存在吗?

根据中考改革对综合素质评价的考核要求,让学生学会选择,按照自己的兴趣和志向有选择地开展学习,已成为初中阶段学生必须掌握的能力。上海市教委发布的《关于加强中小学生涯教育的指导意见》指出,初中阶段应侧重生涯探索,拓展学生对职业角色的体验与认识,引导学生初步形成生涯规划的意识与能力,为选学择业做好准备。因此,在初中阶段开展生涯教育势在必行。

四问:解决这些问题究竟有什么价值?

据调查,目前约80%的中学生不知道自己在哪些方面有特长,不清楚自己未来应该朝哪个方向发展,也不了解社会发展对人才的需求标准以及有多少职业类型,他们普遍表现得缺乏自信心和自我效能感。因此,大力发展生涯教育,能够促使更多学生更好地认识自我和社会,使其在实践中锻炼参与社会的能力、形成良好的社会适应力,为其追梦、圆梦奠定坚实基础。同时,在生涯教育实践中,教师自身也能得到成长和提升,有助于教师摆脱职业倦怠,实现自我发展。

——上海市嘉定区留云中学　殷婷老师

学习感悟 3

利用"四问",我想到了以下内容:(1)我在英语戏剧教学方面的经验可以教给教师,这些经验是可以通过具体的活动说清楚的;(2)我的经验可以帮助那些对英语戏剧教学有兴趣的教师,能为他们开设英语戏剧拓展课、运用戏剧元素开展英语戏剧教学和教育提供一些支持;(3)"如何运用戏剧元素开展英语戏剧教学和教育"的问题是非常普遍的,也是真实存在的;(4)我的经验分享的意义在于,通过分享,让开展戏剧教学的教师有具体的抓手和实施方法。

——上海市杨思中学　江羽老师

学习感悟 4

以下是我的案例:(1)我在美篇制作方面有些技巧可以教给教师;(2)我的经验可以帮助美篇制作的新手教师,解决他们在素材收集、谋篇布局、剪辑制作、模板选用、发布分享等方面的问题;(3)学校要闻、班级风采、少先队特色活动、教研活动、培训日志等都需要教师用美篇去呈现;(4)我的经验分享的意义在于帮助教师快速熟悉美篇制作流程,掌握美篇制作技巧,使其美篇宣传效果更佳。

——广西北流市永顺小学　罗萍老师

11 | 如何从诊断需求开始开发一门教师培训课程

 适用对象及情境

1. 对开发教师培训课程充满兴趣的人员。
2. 对以下问题抱有好奇心的人员：
如何从诊断教师需求开始，发现有价值的教师培训课程主题？

 共情互动，聚焦问题

上一讲内容重在帮助具有丰富教育教学经验的教师比较简单、高效地确立一个课程主题。那些想挑战新的领域，或基于教师的实践需求从头开始开发教师培训课程的教师，可能更想了解如何去分析、识别教师的需求。其实，可用的模式、技术与方法很多，如 OTP 模式、绩效差距模式。怎样运用这些模式诊断出教师的需求，并开发教师培训课程呢？本讲从一位课程开发者比较简单可行的培训需求调研实践切入，带领您感悟她的智慧，进而获得对于需求调查具体、生动的认识。

 释疑解惑，示证新知

L 老师是一位学前教育教研员，她知道教师研修学习的主要动力是解决自身教学实践中遇到的问题。她很想知道教师在学前运动课程实施中存在哪些问题。为了澄清疑问，她开始了需求调研行动。

第一步，研读政策要求。L 老师研读了《3—6 岁儿童学习与发展指南》《上海市学前教育课程指南》（两份文件以下简称《指南》）中关于学前运动课程四大内容"体育器械运用、基本动作活动、利用自然因素锻炼、体操"的实施要求，以及《幼儿园教师专业标准（试行）》（以下简称《标准》）中提出的"环境创设与利用、教育活动的计划与实施"两大专业能力。

第二步,设计调查工具。根据这些要求,L教师研制了一份调查表。这份调查表中既有区教研员根据课改理念和课程实施要求预设的封闭式关键问题及认可度征询,又有让教师根据自身实际经验进行补充的开放式问题,见表1。

表1 教师需求调查表

《幼儿园教师专业标准》——专业能力	基于《标准》和《指南》的运动课程实施能力		关键问题	认可度的百分比	补充的关键问题(具体罗列汇总)
教育活动的计划与实施	集体活动				
	低结构活动				

L老师依据《标准》和《指南》列出集体活动、低结构活动计划与实施中的关键问题,请教师根据自身情况对这些问题的重要程度进行判断。教师也可以补充其他自己认为关键的问题。

第三步,提炼关键问题。L老师对调查结果进行梳理、提炼,形成了若干关键问题。所谓关键问题,是指影响教学质量的重要问题和瓶颈问题,也是教师实际专业水平与专业标准能力要求之间存在差距的问题,更是实实在在困扰着教师的问题。

L老师进而通过有针对性的访谈、现场活动观察、参与园本研修等不断加深自己对问题的认识,最后凝练出14个关键问题,其中一个就是"基于幼儿自主探索与挑战需求的区域运动环境创设"。

第四步,生成研修主题。每个关键问题形成一个研修课程主题,14个关键问题形成幼儿运动系列研修课程主题。

您从L老师的案例中得到了什么启发?L老师在分析与把握教师需求方面至少有三点值得我们借鉴:

1. L老师在需求分析中兼顾了国家要求与教师个体需求,主要采用了OTP(组织—任务—个人)需求分析模式。的确,只有深入把握政策要求,才能全面而准确地把握教师需求。教师的培训需求是教师在学校教育范围内基于自身工作实际问题解决的真实需求,因此,培训需求分析不仅要分析教师个人的需求,还要把教师需求与学校、地区、社会、国家的需求结合起来;不仅要满足教师的需求,还要引领教师的需求。

2. L老师运用调查表对教师培训需求进行初步分析,然后综合运用访谈、现场活动观察等多样化的方案加深对问题的认识。

3. L老师把关键问题转换成系列化研修课程主题的做法非常可取。

您在教师培训需求分析方面还有哪些好的做法?请扫描二维码与我们分享。

问卷 | 如何从诊断需求开始开发一门教师培训课程

学思用结合,内化转化

学习感悟1

我想结合实际,谈谈自身的体会,如"怎样了解教师在天文观星活动中的实际需求和困难"。

一是研读小学自然、中学科学、中学物理、中学地理等课程的课程标准,了解其中与天文观测相关的目标要求和课程内容。

二是设计调查工具,研制一份调查问卷,了解教师在天文观星方面的实际需求、愿望动机、开展现状、实践难点、应用展望等,并设计一些开放式的问题收集答案。

三是对问卷进行梳理、提炼,形成若干关键问题,然后运用访谈、入校共建、主题研修等方式不断加深对学校和教师的实际需求及存在问题的认识。

四是把调查得出的若干关键问题形成系列和序列,开发能满足教师需求的"零基础学会裸眼观星"培训课程。

——上海市宝山区青少年活动中心　成洁瑶老师

学习感悟 2

课程有效的前提是满足教师的需求。随着职业生涯的延续,教师的专业发展需求会出现变化,而且由于社会在快速发展,不同年龄的教师接受培训的方式也应有所不同。在诊断教师需求时,课程开发者可以根据从业年限对教师群体进行有效划分,提升需求分析的准确性(目前针对经验教师专业水平提升的培训课程较少)。针对一线教师开发培训课程时,课程开发者一方面可以结合自身的教育教学经历来捕捉教师对培训课程的需求;另一方面可以通过教研组集体交流、问卷调查、小范围的访谈等确立培训课程的主题(如某个教学内容的不同教学策略对比分析),这会使课程更加符合教学实际。

——上海市青浦区第一中学　黄深洵老师

学习感悟 3

诊断教师需求是教师培训课程开发的重要起点之一,科学的诊断结果可以作为培训课程内容和专题设置的基础参考,甚至直接作为培训课程的内容和专题。但教师需求因人而异,还有基本专业发展需求和个性化发展需求之分,单纯采用一类或一套诊断工具显然是不足的。此外,调研工具的开发,其信度和效度也要经得起专业、科学的检验。这些都对教师培训课程开发者提出了更高的专业要求:关于教育学和学科的,以及关于诊断技术的。

——上海市师资培训中心　李敏老师

12 | 5W2H 法:发现教师真需求的有效工具

 适用对象及情境

1. 对开发教师培训课程充满兴趣的人员。
2. 对以下问题抱有好奇心的人员:
如何从诊断教师需求开始,发现有价值的教师培训课程主题?

 共情互动,聚焦问题

不可否认,提高教师培训的针对性与实效性的关键是准确把握教师的培训需求。可是,有些培训者花了很多的精力,通过问卷调查、访谈等去了解参训者的需求,最终却发现调查的结果与自己调查之前的判断几乎一致,调查好像没有发挥什么作用。有些培训者发现,明明是根据参训者自己提出来的需求开展的培训,可一到正式培训,总有人借"工作忙"等原因逃避培训。这到底是为什么呢?难道他们提出来的需求是"假"的?怎样才能发现教师真正的需求呢?

 释疑解惑,示证新知

这是一个有价值的问题,也是困扰许多培训者的问题。

培训师 Q 老师就多次经历这种困扰,直到有一天,他了解到 5W2H 法,尝试用了几次后,效果好多了。

5W 是 5 个英文单词首字母的缩写,分别为:(1)Who——与谁有关?(2)When——与什么时间有关?(3)Where——与什么地点或场所有关?(4)What——与什么内容有关?(5)Why——为什么提出这个需求?

2H 是 2 个英文单词首字母的缩写,分别为:(1)How——与怎样的过程、步骤、方法有关?(2)How much——需求的程度或频率如何?

下面是培训师 Q 老师采用 5W2H 法与小学数学教师 F 老师之间的对话。

Q:您目前在教学中,最关注的是什么?

F:我这段时间对信息技术与小学数学教学的整合比较感兴趣。

Q:为什么您觉得两者需要整合?(请注意,这里使用了 Why)

F:有些数学知识比较抽象,利用信息技术可以让抽象的知识变得直观,便于小学生理解。

Q:您认为小学哪些数学知识比较抽象,需要信息技术的辅助?(请注意,这里使用了 What)

F:比如数学运算中两位数乘两位数、比较两个数大小时,用闪动的几何图形显示效果比较好。

Q:还有哪些数学知识的讲解也需要信息技术的辅助呢?(请注意,这里使用了 What)

F:这个我需要好好想一想。

Q:您刚才提到的闪动的几何图形,您自己会做吗?(请注意,这里使用了 Who)

F:我自己不会做。

Q:您能具体描绘一下您理想中信息技术与小学数学某个具体教学内容整合起来是怎样的吗?(请注意,这里使用了 How)

F:以"87×98 和 86×99,哪个乘积大"为例,可以用信息技术显示两个颜色不同的长方形,点到哪个算式时,相应的长方形就闪一闪。

Q:您是想自己学习信息技术,还是希望有团队帮助您?(请注意,这里使用了 How)

F:我自己没时间。我希望懂信息技术的人,把我的想法变成现实。

……

采用了 5W2H 法后,Q 老师发现,F 老师的培训需求是希望懂信息技术的教师能够与他合作。这需要学校建立支持教师合作的机制,而不是"强按着 F 老师的头"去饮"信息技术知识与能力"这桶水。

的确,培训需求分析是个非常专业的工作。在需求分析中,时常会发生"曲解参训者的意思"的情况,有时参训者说出的需求并不是他真正想要的或表达的需求,这些需求我们通常称之为伪需求。

请扫描二维码把您在培训需求调研中找到真需求的经验分享给我们。

问卷 | 5W2H法:发现教师真需求的有效工具

> 学思用结合，内化转化

学习感悟1

　　我对自己前期的课程筹备进行了反思。设计课程时，我对参训教师进行调查了吗？我问过参训教师对培训内容的需求吗？他们为什么需要这些内容？他们最需要哪项内容？学习了5W2H法后，我明确知道了课程开发前可以做哪些事。5W（谁、何时、何地、做什么、为什么）2H（怎样做、需求程度）这个访谈模式，可以让我们知道问什么、怎么问、问了以后可以怎么用、如何用访谈结果为课程设计服务等，让我们原先了解的伪需求变为真需求，进而让我们能更好地实现"基于参训者立场，开发高效课程"的目标。

——上海市青浦区大盈幼儿园　高华老师

学习感悟2

　　5W2H法为培训师提供了一个开展需求调研的支持工具，有助于培训师打开与被访谈教师交流的思路，聚焦和把握教师需求中的核心问题，对后续组织开展有针对性的培训活动具有积极的引导作用。

　　如果能对5W2H法的使用方法进行更具体的介绍，对培训师而言可操作性会更强，新手培训师尤其需要这样的帮助。比如，利用5W2H法时，通常是先用"5W"还是"2H"更有利于切入正题和捕捉信息？在用"5W"时，是否在特定的情境下，先用某个"W"效果会更好？建议再提供2至3个应用案例。

——上海市杨浦区教育学院　孙立老师

学习感悟3

　　5W2H法的概念界定非常清晰，案例丰富具体，真实再现了使用过程，能够让读者通过案例理解相关概念及其运用方法，但运用方法的举例不够全面。案例中举例说明了Why、What、Who、How的运用方法，没有When、Where、How much的运用方法。如果案例能够全面诠释或列举7个要素，就能更好地和5W2H法这个名称相呼应。此外，案例中的结论性观点与标题匹配度不够。文末分析得出"需要学校建立支持教师合作的机制"这个结论，与培训需求的关联性不大，建议通过访谈发现教师的真实培训需求，明确培训主题、培训内容、培训方法、培训作用等内容，促进培训的转型或者深入发展。

——上海市嘉定区教育学院　颜晓莉老师

13 | 应用 5W2H 法诊断需求的其他案例

适用对象及情境

1. 对 5W2H 法充满兴趣的人员。
2. 对以下问题抱有好奇心的人员：
如何从诊断教师需求开始，发现有价值的教师培训课程主题？

开门见山，聚焦问题

Z 老师是某区教育学院的一位教师，自从接触了 5W2H 法就跃跃欲试。有一天，他用此方法访谈了单位里的一位部门负责人 Y 老师，并帮助 Y 老师理清了一些培训需求，这一过程带给 Z 老师很大的成就感。他是如何应用的呢？我们一起来看看。

释疑解惑，示证新知

Z：您觉得咱们单位的人员需要进行<u>哪些方面</u>的培训？（请注意，这里使用了 What）

Y：当然是项目管理方面的培训了。

旁白：平时，Z 老师到这里就会结束谈话，直接得出培训需求是项目管理相关内容的结论。但现在 Z 老师掌握了 5W2H 法，他有了更多的问题。

Z：您<u>为什么</u>觉得他们需要进行项目管理方面的培训呢？（请注意，这里使用了 Why）

Y：因为他们每个人都有项目，而且项目管理能力明显不足。

Z：他们项目管理能力明显不足的表现有<u>哪些</u>呢？（请注意，这里使用了 What）

Y：其他方面还好，主要是项目计划做得不好，导致大家不清楚做什么、具体怎么做、经费该如何使用,影响了经费执行率与项目质量。

　　Z:请您估算一下,项目计划做得不好的比例是多少?经费执行率受到影响的程度如何?(请注意,这里使用了How much)

　　Y:大概70%的项目计划做得都不好。经费不正常使用的比例很高,高达80%。

　　Z:对于那些项目计划做得不好的人员,您觉得他们做不好的主要原因是什么呢?(请注意,这里使用了Why)

　　Y:主要原因是缺少主动性、创新性与预见性。他们把项目工作视为一项被动的任务,缺乏主动的意识,不主动与相关部门协调;在规划项目方面缺乏系统、创新设计能力;没有充分考虑变化、风险的应对策略。

　　Z:您觉得,他们自己意识到自身的这种不足了吗?

　　Y:我觉得大部分人没有意识到。他们自我感觉良好,这与他们认为事情做得差不多就行了的主观意识有关。

　　至此,您能对Y老师所反映的培训需求进行判断吗?

　　Z老师当时对培训需求范围的基本判断是"针对那些对工作的重要性主观认识不足以及缺乏系统科学规划项目能力的人员进行工作态度与项目规划能力培训"。

问卷丨应用5W2H法诊断需求的其他案例

　　如果没有应用5W2H法,Z老师对培训需求的判断可能就是"对所有人开展全面的项目管理培训",培训的精准性就会大大受到影响。

　　5W2H法是不是很实用?请扫描二维码把您的体悟与使用心得分享给我们。

学思用结合,内化转化

学习感悟1

　　找准教师的培训需求是培训项目或培训课程设计的起点,是以教师为中心的教师教育理念的基础。为调研教师的培训需求,笔者采用过问卷调查、座谈、课堂观察等多种方法,但了解到的教师培训需求往往过于宽泛,没有直达教师的内心。5W2H法的本质特征是访谈的问题明确,问题链清晰,从教师感兴趣的话题入手,在具有核心要素问题的对答中,逐步发现教师真实的培训需求,让人有一种抽丝剥茧、拨云见日的感觉。这样得到的培训需求是教师发自内心的呼唤，是教师真实的需求。毫无疑问，教师迫切需要的就是基于真实需求的有效培训。

——上海市奉贤区教育学院　丁梅老师

学习感悟2

找准教师的培训需求是提高教师培训的针对性与实效性的关键。通过片面或单一询问得到的答案，不一定是教师真正的需求。那么，如何去发现和探寻教师真正的意愿、切实的需要、有价值的需求？5W2H法需求分析工具，给了我们很好的范例和启示。它不是简单的猜测，而是一种科学的推演，能让参训者深入思考自己最迫切需要解决的问题与真实的需求，能让课程开发者在访谈中找到根源，逐步确定真实、具体的培训需求。

——上海市师资培训中心　施利娟老师

学习感悟3

教师培训很怕出现这样一种现象：训前心动，训中激动，训后一动不动。为什么会这样呢？因为参训教师没有对培训的东西进行转化，没有转化的原因是教师的真实需求未找到。5W2H法这个工具，让课程开发者树立了以教师为中心的意识，使其能非常高效地掌握教师的培训需求，使用科学的方式识别、分析和确认教师的培训需求，并根据教师的培训需求有针对性地设计与实施培训课程。

——上海市师资培训中心　俞慧文老师

14 | 要想主题好,三字诀要记牢

适用对象及情境

1. 深陷课程主题确立与课程开发任务的人员。
2. 对以下问题抱有好奇心的人员:
什么样的课程主题比较好呢?

回顾反思,聚焦问题

教师培训课程开发的第一步就是确立一个好的课程主题,但好的标准是什么呢?我们访谈过很多课程开发者,他们都比较关注这个问题。我们发现在课程主题确立方面存在一些典型的问题,如主题空泛、实效性不强。那么,如何确立一个好的课程主题呢?

释疑解惑,示证新知

表1中有左右两列课程主题,您更喜欢左边的还是右边的?

表1 课程主题

A	B
如何有效设计单元练习	教师命题能力提升指导
小学语文低年级句子教学方法指导	语文教学方法指导
师生沟通的六个诀窍	师生沟通
小学美术50个师生互动小制作	小学美术课堂教学
中学生议论文写作教学指导	中学生作文教学指导

调查发现,左列的主题具体、聚焦、针对性强,更受教师的欢迎。下面,我们就和大家分享一下教师培训课程选题的三字诀:小、实、快。

关键点一：小。

小是指具体，切入点小。教师培训课程选题宜小不宜大，要聚焦具体的问题。如选题"小学语文低年级句子教学方法指导"把学习对象聚焦到小学语文低年级阶段的教师，教学方法也细化到了句子教学；选题"中学生议论文写作教学指导"则细化到了议论文写作。这些都是非常具体、聚焦的选题，符合"小"的标准。

关键点二：实。

实是指实在。教师培训课程选题应立足教育教学实践，针对教师教育教学工作中遇到的盲点、热点、难点、疑点问题，实实在在帮助教师解决实际问题，这样的课程才更具有实用性。"如何有效设计单元练习""家访的十大要点"等培训课程主题都切中教师当前教育教学工作中的热点、难点，实效性强。

关键点三：快。

快是指见效快。课程主题的实施周期不宜过长，最多20个课时，要让教师在短时间内体会到"心头一喜"的愉悦，真正有所收获。这个"快"字，与前面的"小"与"实"是密切相关的。

记住"小、实、快"三字诀，您一定能快速选定一个直击人心的课程主题。

赶快试试吧！请扫描二维码把您的使用体验分享给我们。

问卷｜要想主题好，三字诀要记牢

 学思用结合，内化转化

学习感悟1

"小石（实）块（快）"妙招很管用，我个人认为其中的"实"尤为重要，是影响课程价值的重要因素。要做到"针对实际问题"，特别是盲点、热点问题设计课程，课程设计者必须十分敏锐地发现问题，敢于寻根究底挖掘问题形成的各种因素，深入分析和研究问题解决的方向与条件，并梳理出能通过教师培训得以改进的方面。

——上海市青浦区教师进修学院　李碧玉老师

学习感悟2

"小、实、快"三字诀清晰易懂。它提醒课程设计者切口小才能挖得深;摸清教育教学中的盲点、热点、难点、疑点问题,课程主题才能定得准。见效快除了对课时提出要求,其实也提醒我们在课程学习过程中及学习后要有相应的实践要求,才能让学习者真正内化所学到的知识。

——上海市浦东新区辅读学校　沈湘萍老师

学习感悟3

关于"小、实、快",我的尝试如下:(1)小,初中六、七年级英语学科朗读对话中的重音和语调教学;(2)实,当前中考涉及口试,其中可能会有对语调的检测,所以这个主题可谓热点;(3)快,设计具体的教学活动帮助教师掌握在平时课堂中渗透重音和语调教学的方法。

——上海市杨思中学　江羽老师

15 | 如何给课程起一个响亮的名称

 适用对象及情境

1. 深陷课程开发任务且课程名称尚未确定的人员。
2. 对以下问题抱有好奇心的人员：
怎样的课程名称能够抓人眼球？

 开门见山，聚焦问题

在诸多线上课程中，什么样的课程会第一时间吸引您的注意力呢？假设您在微信朋友圈看到表1中的推荐课程，您会对其中的哪些课程感兴趣呢？

表1 推荐课程

序号	课程名称
1	教师团队信息素养课程
2	从研修到精修有多远
3	教师阅读素养课程
4	做懂爱、会爱的幼儿园教师
5	认识您自己
6	减、乘、除——教学创新的方法
7	脑科学与语言学习
8	拆掉部门间的墙——项目制管理的秘密
9	师生沟通的六个诀窍
10	班主任班务管理

您选择了哪些课程？选择的理由是什么？

 释疑解惑，示证新知

从上面的课题名称中挑选几个和大家谈谈我们的看法。

首先引起我们注意的是"减、乘、除——教学创新的方法"这个标题,因为它包含了一个新颖有趣的三字秘诀"减、乘、除"。这与教学创新会有什么关系呢?这就引发了学习者想具体了解一下的好奇心。

"拆掉部门间的墙——项目制管理的秘密",这个标题的亮点在于"墙"。它生动形象地总结了教育机构中各部门之间存在的沟通阻碍问题,容易让人产生共鸣。

"师生沟通的六个诀窍"也是一个比较好的标题。"六个诀窍"非常具体贴切,让人感觉能学到实实在在的知识。

"做懂爱、会爱的幼儿园教师",这个标题虽然语言朴实无华,但反映了实质,高度概括了核心观点。

总而言之,我们认为好的课程名称应具有新颖有趣、生动形象、具体贴切、反映实质四大特质。不知您的看法如何?

有些教师可能会觉得,评判别人的课程名称容易,自己起课程名称时还是无从下手。下面,我们提供一些具体的命名方法,供大家参考。

1. 完整写实式。课程名称如实反映出学段、学科、教学内容等要素,如"小学低年级语文看图说话写话教学"。

2. 数字模型式。课程名称中使用一些数字说明课程的核心内容,如"小学语文三步写字教学法"。

3. 谐音修辞式。课程名称中使用隐喻象征等说明课程的核心内容,如"会声会影——多媒体视频、音频编辑"。

4. 流行话语式。课程名称中套用一些流行话语,如"那些年我们一起学过的教育管理"。

5. 核心观点式。课程名称简洁地总结出课程的核心观点,如"让学习更简单——微课程设计与开发"。

6. 博取眼球式。博取眼球式是指用一些博取眼球式的词语、句子来命名课程,如"五分钟让您学会写案例"。

以上仅仅是我们的体悟,相信各位教师在实践中一定有更多、更好的智慧,给自己的课程起个好名字。有时,做个"标题党"也是很有必要的!请扫描二维码把您的课程名称分享给我们。

问卷 | 如何给课程起一个响亮的名称

学思用结合,内化转化

学习感悟 1

　　好的名字容易吸引教师的注意力。针对本讲内容,我也活学活用一下,取几个名字试试:"三步走"了解东西方文明的差异;打破那堵墙——是什么让东西方文明差异如此之大?那些年我们一起经历的文化差异……

　　　　　　　　　　　　——上海市晋元高级中学附属学校　娄心萍老师

学习感悟 2

　　本讲用许多实例介绍了如何给课程起一个响亮的名字,体现了教师学习从模仿开始的思想。受本讲内容的启发,我想给自己开发的课程起个名字——中小学教师教育科研十问。

　　　　　　　　　　　　——上海市崇明区教育学院　刘伟超老师

学习感悟 3

　　做个"标题党"有时也是很有必要的,好的课程名称不仅能吸引教师走近课程,还能体现课程的核心内容,让课程和标题在具有学术性的同时充满趣味性和艺术性。

　　　　　　　　　　　　——上海市青浦区教师进修学院　张敏稚老师

第二步　设立课程目标

本章学习目标

1. 理解课程目标的重要性
2. 掌握设立课程目标的要点与方法
3. 掌握表述课程目标的要点与方法

✸ **本章学习路线**

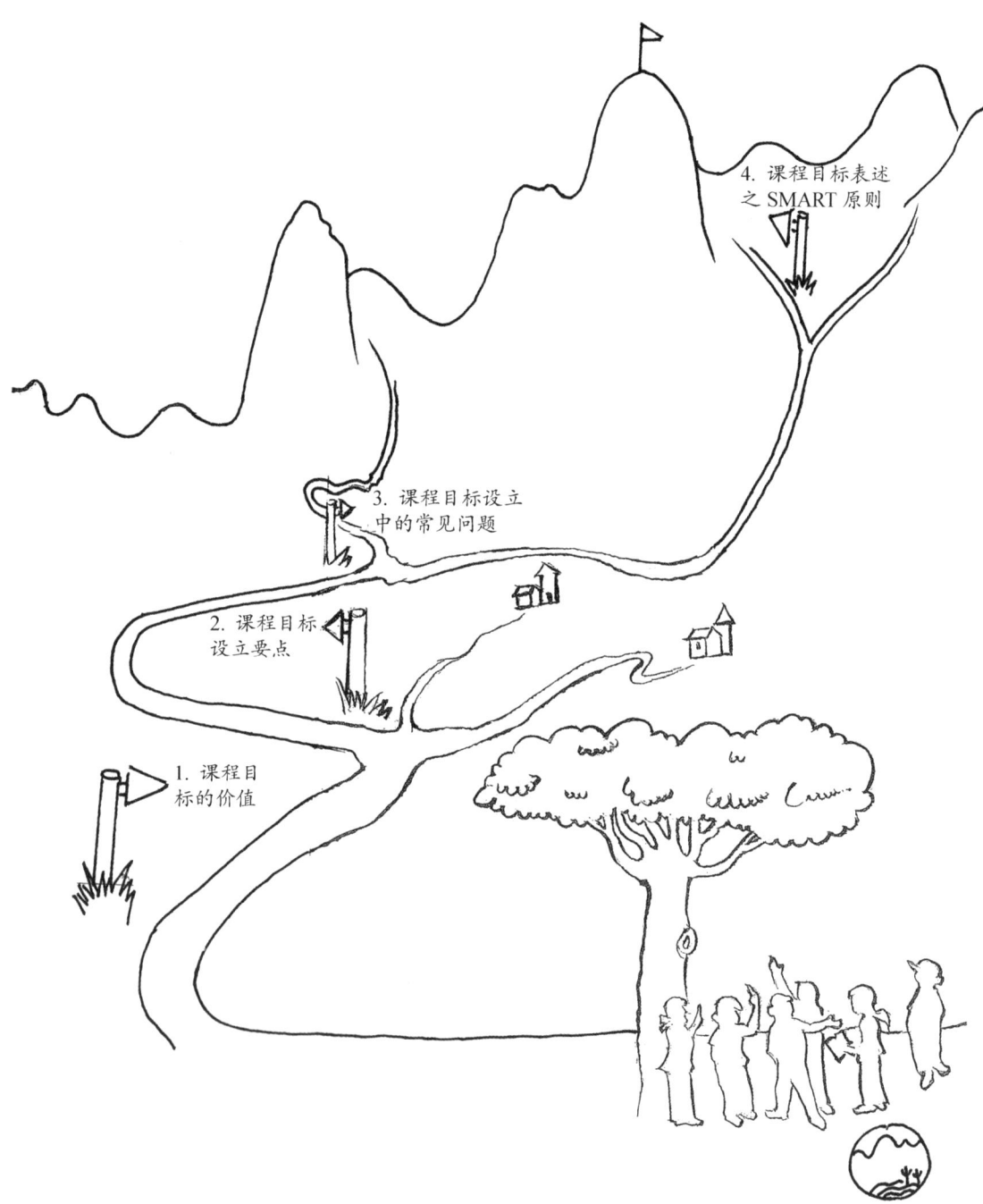

(绘图 范瑞华)

16 | 课程目标真的那么重要吗

适用对象及情境

1. 想要了解课程目标价值的人员。
2. 对以下问题抱有好奇心的人员：
没有明确的课程目标真的就无法开发课程吗？

开门见山，聚焦问题

我们问过不少教师："您觉得课程目标重要吗？"很多教师会不假思索地回答："很重要，课程目标为课程指明方向，是内容选择、活动设计、课程评价的依据。"可看了很多教师实际开发的培训课程后，我们不免内心起疑：课程开发者内心真的像他们所说的那样重视课程目标，并很好地理解了课程目标的作用与价值吗？很明显，一些课程目标表述宽泛模糊、与内容之间的匹配度不高。课程目标到底是像"聋子的耳朵"——一个必不可少的摆设，还是真正发挥导向与依据作用的要素呢？

释疑解惑，示证新知

黄老师是一位带教见习教师的优秀物理教师。她在指导见习教师设计教学导入环节时，以"超重和失重"这节课的引入为例进行说明，希望见习教师能够理解三点：(1)引入设计要能够激发学生浓厚的学习兴趣；(2)引入设计要与"超重和失重"知识点紧密相关，能顺利引出概念的讲解；(3)引入设计要蕴含育德价值。

同一节课的引入环节设计，三位教师对目标的理解运用呈现出不同的情况，也就有了不同的教学效果，我们来看看这三个案例。

第一个案例是指导教师黄老师的引入设计。她对本节课应达到的目标有清晰的定位。依据目标,她通过多种渠道寻找素材,最终选定了电梯上行和下行过程中体重秤示数变化的视频。她还让班级里的一个学生在电梯里重复了视频中的实验。这样更加真实可信,课堂气氛也更加活跃。此外,黄老师还找到了一段神舟十号航天员王亚平在天宫一号进行太空授课的录像,在录像中大家看到了航天员聂海胜盘腿悬浮在空中的"太空打坐"、失重状态下的太空单摆和悬浮的红宝石般的水球。这些奇异的失重现象给学生留下了深刻的印象。学生由衷地感叹我国航天事业的快速发展,产生了强烈的爱国情感。见习教师观摩了黄老师的这堂课,对课堂引入设计应达到的三个目标有了真切的体悟。

第二个案例是资深教师顾老师的引入设计。顾老师在这节课中用了一个趣味性的实验来引入。他也在网上找到了一段视频,视频中一个人站在体重秤上,体重秤放在电梯里,电梯上行的过程中体重秤的示数发生了先增大后减小的变化。这是因为人的体重在变化吗?通过这个现象,顾老师顺利地引出了新课内容"超重和失重"。见习教师在观课后一致认为,与黄老师的那节课相比,顾老师这节课的引入设计与"超重和失重"知识点紧密关联,但在激发学生兴趣与学科育德方面有一定的不足。

第三个案例是林老师的引入设计。林老师为学生带来了三个精彩的体验式实验。林老师先让学生用弹簧秤拉着小物块向上向下运动,观察弹簧秤示数的变化;接着让学生站在体重秤上蹲下去站起来,看看示数的变化;然后让学生尝试"水流星"实验,盛水的水杯由细绳拉着,做竖直面圆周运动,在顶端时杯口向下,水却没有倒出来。三个实验都很精彩,教室里一片欢腾,不知不觉时间已过半。林老师心想:"糟了,新课来不及讲了。"见习教师在观摩后研讨时也提到:"如果引入再精简些就更好了。"他们对照了林老师的教案,发现教案中的目标设定空洞、模糊,指向不具体,教学内容预设的各环节也没有充分考虑时间分配的问题。因此,这节课虽然有许多精彩的实验,但因为没有明确目标的指引,未能达到预期的效果。

您可能会说,上面的例子是关于教学目标的,而本讲介绍的可是课程目标。是的,因为上面的例子对我们来说印象太深刻了,我们这里想借用教学目标的重要性来类比课程目标的重要性。

课程目标不是可有可无的,也不是仅仅放在那儿当摆设的,而是要真正发挥指导作用,让您在确定课程内容的范围与各部分内容的比重时有依据和方向,避免设定内容过于庞杂或片面窄化的目标。它就像大海中的航标灯,每时每刻都在为课程开发之旅指示着正确的航向。

请扫描二维码把您对课程目标的理解分享给我们。

问卷｜课程目标真的那么重要吗

 学思用结合,内化转化

学习感悟1

课程目标是教师专业活动的灵魂和课堂教学的方向,是判断教学效果的直接依据,事关一堂课的成败;是教师对学生发展变化的一种期望,是课堂教学的出发点与归宿,决定着课程设置的方向与过程;是教师选择与组织课堂教学内容、选择与使用教学方法、采用教学组织形式、评价课堂教学质量的重要依据。

在传统的英语语法教学中,教师往往先给出语法规则,再让学生套用规则操练,以达到巩固的目的,这对学生来说属于接受性学习。因为主体性没有得到充分发挥,课堂气氛较沉闷,学生容易感到枯燥乏味。英语课程学习的最终目标是学以致用,英语课程目标强调学习过程,重视语言学习的实践性、创新性和应用性,所以,我将探究性学习方式渗透在英语课堂语法教学中,创设情境,让学生发现语法规则,巩固规则,运用规则,从而发展学生的探究能力和创新精神。探究性学习是一种以学生为主体、以问题为中心、以研究为手段、以实践为途径、以过程体验为重点、以创新精神和实践能力培养为目标的学习方式。在语法教学设计中,我力求体现上述特征。我发现,研究性学习实施时三个相互交叉推进的阶段——进入问题情境、实践体验、表达和交流,与外语教学的三 P 模式(Presentation-Practice-Production)是相通的。因此,在 Presentation 这个阶段,我从身边的事物出发,创设情境,激发学生探究语法使用规则的欲望,引导学生发现、探究问题。在 Practice 这个阶段,我让学生前后联系,形成语法用法的知识网络,并探究相应的记忆策略,主动操练。研究性学习旨在培养学生解决实际问题的能力,所以,在 Production 这个阶段,我让学生展开联想,实际运用。学生经过探究、实践和总结,熟练掌握了语法知识,受益良多。

落实课程目标是实施课堂教学的关键,其途径是把课程目标转换成具体的可操作性强的课堂教学目标,使教师的教和学生的学有一个统一明确的要求,使学生学习时有目标、有方向,在教师的引导下,充分发挥主体作用,真正成为学习的主人,而师生通过一系列教学目标的达成,最终实现课程目标。由此可见,优秀的教学始于课程目标,课程目标有始有终地引领着教育教学的方向。

——上海市金汇实验学校　孙月梅老师

学习感悟2

课程目标是课程建设者在课程建设中的指路明灯。学习者要掌握哪些基础知识和技能、学习者要通过哪些方式和途径学习、学习者学习后会有怎样的感悟和提升、如何检测学习者某门课程的学习收获等都是课程建设者在课程建设过程中要预先考虑和设定的,而这些考虑和设定都要通过课程目标的制定来完成。课程目标还是学习者的学习先导。通过对课程目标的理解和掌握,学习者不仅能做到心中有数,更重要的是可以合理安排和管理学习的重难点,真正提升技能。因此,课程目标并非可有可无。

——上海市徐汇区教育学院　贾彦春老师

学习感悟3

有人说,课程目标是教学运作的方向和灵魂,也是课程价值理性的集中体现。因此,课程目标对于整个课程及教学体系具有至关重要的作用。一是导向功能。课程目标在一定程度上制约着课程开发与教学设计的方向,使教师的教学活动与学生的学习活动有明确的指向,并能与教育目的对接。二是聚合功能。课程与教学是由多种要素共同组成并相互制约的完整系统。其中,课程目标在所有要素中居于核心地位,对其他要素具有整合、支配与协调的作用,使所有要素能够以某种合理的方式围绕课程目标完成组合,最终实现教育目标。三是评价功能。课程目标一经确定,就仿佛给整个课程和教学体系提供了最终需要实现的蓝本,使设计者以此为依据,对整个课程教学过程进行评价与分析,并判断教师所有的教学行为是否有效、科学、合理。因此,课程设计者应该发挥课程目标的统领作用,使它不能成为装饰性的摆设,同时,也要科学确立课程目标,使它不能成为有效教学的掣肘。

——上海市奉贤区教育学院　钱红老师

17 | 如何设立课程目标

 适用对象及情境

1. 想要了解课程目标设立路径的人员。
2. 对以下问题抱有好奇心的人员：
一个适切的课程目标究竟是如何产生的呢？

 设问引入，聚焦问题

课程目标如此重要，一个适切的课程目标究竟是如何产生的呢？有没有什么清晰的路径呢？我们都知道，课程目标的设立需要综合考虑教师、学习者、学习内容等要素，这一讲先以课程内容为依据，给大家介绍两种课程目标设立的路径。

 释疑解惑，示证新知

总体来说，课程目标可以通过自上而下和自下而上两条路径来设立。

自上而下设立课程目标是指主题先行，将主题拆解成几个关键词，再把每个关键词扩充成目标点，见图1。

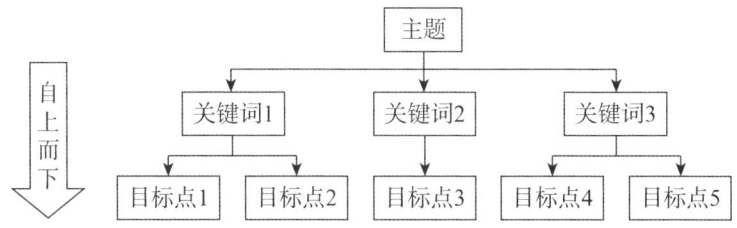

图1 自上而下设立课程目标示意图一

周老师是某区的一位化学教研员，她准备开发一门主题为"学科核心素养指向下的中学化学课堂教学设计"的课程。她将主题拆解为"学科核心素养""中学化学""课堂教学设计"。她在"学科核心素养"下形成目标点"了解中学生核心素养""理解化学学科核心素养";在"中学化学"下形成目标点"了解学科核心素养下中学化学教学内容与形式的变革";在"课堂教学设计"下形成目标点"掌握学科核心素养下课堂教学设计方法""掌握学科素养培育目标下的学习活动设计工具"。考虑到教师通过学习本课程在育人价值观上会有所提升,周老师又增加了目标点"形成学生核心素养培育下的'三全育人'价值观",见图2。

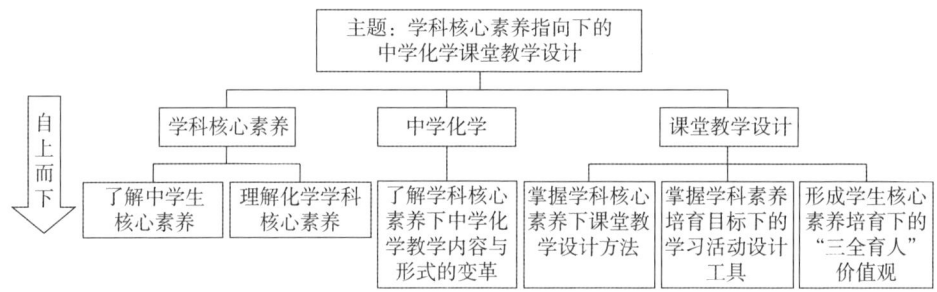

图 2　自上而下设立课程目标示意图二

自下而上设立课程目标是指先罗列出具体的课程内容,再分析内容之间的关联性和系统性,删除相关性差的内容,将剩下的内容进行归类,形成目标点,见图 3。

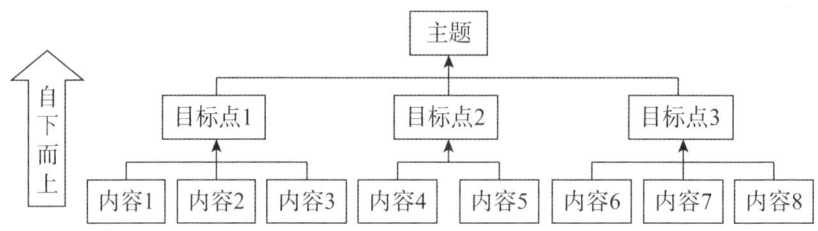

图 3　自下而上设立课程目标示意图

方老师是一位物理高级教师,在日常教学中自创和改造了许多物理实验,他想把这些实验编制成教师培训课程,但课程的名称还比较模糊,无法通过课程主题分解来确定课程目标。这种情况下,课程目标该如何设立呢?

方老师先把他积累的实验素材都罗列出来,再对它们进行归类,将无法归在一起的零散素材舍弃。方老师发现,这些实验基本上可以归为三类。第一类是素材来自日常生活的实验,如利用生活中常见的一次性纸杯和细线,可以制作"水流星",用于"圆周运动"的课堂演示实验;自制的"土电话",可以用于"波的传播介质"的教学实验。第二类是改进传统实验的实验,如在测量重力加速度的实验中,传统实验利用打点计时器记录小球的自由落体运动轨迹,方老师将其改为用手机拍摄屏闪照片来记录,避免了由纸带的摩擦力带来的系统误差。第三类是对 DIS 实验器材进行创新设计的实验,如用 DIS 实验器材中的力传感器代替弹簧秤探究"作用力和反作用力"相关知识点的课堂教学实验。

根据以上归类,方老师将课程内容确定为三部分,分别确定了目标点,如"从典型案例中了解日常生活中常见素材的物理实验功能""掌握应用日常生活中常见素材设计物理实验的基本技能""从典型案例中学习如何改造传统物理实验""掌握利用 DIS 实验器材设计物理实验的方法"。考虑到本课程对教师自身专业能力的提升作用,方老师增加了目标点"提升物理教学中课堂演示实验的设计和创新能力"。

这两种途径都能确保课程目标与课程主题、课程内容的一致性。准备开发课程的您也试试吧!期待您扫描二维码把体悟与应用案例分享给我们。

问卷 | 如何设立课程目标

 学思用结合,内化转化

学习感悟 1

自上而下与自下而上设立课程目标对一线教师或教研员来说非常实用。自上而下设立课程目标促使教师从学科大概念出发,运用演绎法进行有逻辑的拆解,从而形成有结构的课程目标框架;自下而上设立课程目标促使教师采用归纳法,整理教学与教研经验,保留与主题相关度高的内容,删去与主题相关度低的内容,从而形成严谨的课程目标结构。这种方法既教给课程开发者有效的目标设立方法,又有利于教师在课程开发中提升自身"形成课程结构"的能力。

——上海市杨浦区教育学院　金莉老师

学习感悟 2

课程目标是指课程本身要实现的具体目标和意图。如何设立一个适切的课程目标,是课程开发者在确定课程主题后第一个要思考的问题。

在知晓了目标设计的 SMART 原则、ABCD 原则后,有时我们还是会苦于不知如何"对标实操"。自上而下和自下而上两种设立课程目标的途径,给我们提供了清晰的操作步骤,通俗易懂的学科案例让我们可以快速参考实践。合理运用两种设立课程目标的方法,还可以解决之前困扰我们的目标与主题、内容不一致的问题,真是"小"方法,"大"功用!

——上海市徐汇区教育学院　衣兰老师

学习感悟 3

设立课程目标时,无论是采用自上而下的路径,还是采用自下而上的路径,都应该遵循三个原则:(1)以教师学习者为主体,体现学习过程与主要学习结果的统一;(2)既要符合教师专业标准和当前社会对教师专业素养的要求,又要考虑学习对象的需求、特点、层级,体现出针对性;(3)目标定位时应考虑教师立德树人的职业特点,挖掘并体现课程对教师专业实践的迁移作用。

对比两种目标设立路径,本人更倾向于自下而上的路径。从内容到目标再到主题的自下而上的设计,体现了设计者对学习者学完培训内容后达到的学习目标的期望,即学到什么程度。

——上海市杨浦高级中学　王黎敏老师

学习感悟 4

一个适切的课程目标可以通过自上而下、自下而上两条路径来设立,这个观点重新建构了我对课程目标设立的认识。通过学习,我了解到自上而下的目标设立路径要求课程设计者有一定的高度,站在课程目标、学科核心素养和教学设计等角度自上而下做好顶层设计,进而设计出具体的教学方案,让教学有一条清晰的逻辑主线。自下而上的目标设立路径要求课程设计者从任务案例出发,以活动案例为载体,指向学生能力培养,从顶层设计好教学目标。无论是自上而下还是自下而上设计,课程设计者都要注意"正向设计想明白、逆向设计做到位",从而设立精准的教学目标。

——上海交通大学附属中学　曾腾老师

18 | 教师培训课程目标设立中的常见问题

  适用对象及情境

1. 想要了解课程目标设立的人员。
2. 对以下问题抱有好奇心的人员：
一个适切的课程目标是什么样的？

  开门见山，聚焦问题

我们都知道，明确的目标可以让我们做事有方向、有动力。培训课程目标能够呈现课程的价值，告诉学习者这门课程可以给他们带来什么。可是，在培训课程开发过程中，课程目标设立常常存在四个典型问题，影响目标的导向性。

  释疑解惑，示证新知

第一个问题就是课程目标的表述过于宽泛，导致课程目标难测量。
您更喜欢表1中的哪种课程目标表述方式？

表1 课程目标表述方式

第一种表述	第二种表述
1. 聆听主题报告，能说出基于标准的教学方法和操作要点，并依据基于标准的教学方法和操作要点，撰写1至2篇教学设计方案	1. 通过学习，提升教师基于标准的教学设计能力
2. 通过理论学习与实践操作，教师能够了解陶艺制作的基本过程，在欣赏与实践中掌握陶艺制作的三种基本方法	2. 通过学习，帮助教师掌握陶艺知识与提升陶艺素养

很明显，第一种表述比较好。如第一个课程目标的表述"聆听主题报告，能说出基于标准的教学方法和操作要点，并依据基于标准的教学方法和操作要点，

撰写 1 至 2 篇教学设计方案",要求具体、明确,也容易检测,培训者通过学员撰写的教学设计方案可以评判学员的教学设计能力。再看对应的第二种表述"通过学习,提升教师基于标准的教学设计能力",要求比较笼统,不明确,也看不出如何检测。后者削弱了目标对学习者的导向作用。

第二个问题就是没有把学习者作为目标表述的行为主体。我们仍以第二种表述"通过学习,提升教师基于标准的教学设计能力"为例进行说明。谁去提升呢?这里的行为主体明显是培训者。然而课程目标描述的应是学习者的课程学习结果,必须突出学习者的主体作用。因此,课程目标表述的行为主体是学习者,这一点大家一定要牢记。

第三个问题就是课程目标与课程内容、课时长度等不匹配。如一门培训课程的内容聚焦"小学语文低年级句子教学方法",但课程目标却是"教师能够掌握小学语文教学方法"。"语文教学方法"显然比"句子教学方法"范围大,目标大,内容小,两者之间明显不匹配。又如某门培训课程只有 1 课时,培训目标却是"经过学习,教师能够设计一门简单的培训课程"。1 课时也就是 45 分钟,教师怎么可能学会设计一门课程呢?这个课时长度显然与培训目标的任务难度不匹配。

第四个问题就是课程目标的数量不合适。我们看到过一门 8 课时的培训课程竟然有 10 个目标,课程设计者把主要的知识点与技能点都一一列出来,这样太琐碎,需要将其中相近的目标内容归纳后再表述出来。一般来说,课程目标与课时之间有一定的关系,平均 4 课时有 1 个目标比较合适,8 课时的课程有 2 个左右的目标比较合适。

问卷 | 教师培训课程目标设立中的常见问题

以上是我们在实践中发现的四个典型问题,您还有其他发现吗?请扫描二维码把您的发现分享给我们。

如何破解这些问题呢?我们在下一讲给大家揭晓答案。

学思用结合,内化转化

学习感悟 1

设立课程目标时,语言精练与准确是非常重要的,应避免出现本讲中提到的四大问题:宽泛、难测量;没有把学习者作为行为主体;目标与内容、课时不匹配;目标数量不合适。我认为可能还要考虑其他因素。一是课程目标的依据性。不少师训课程源于教育者的教育教学实践,课程目标设置自由度较高,但往往缺乏整体、全面的考虑,所以也要考虑政策文件、课程标准、理论基础等相关因素。二是课程目标的层次性和梯度。课程目标可以考虑分层,如"知识与技能"层次、"过程与方法"层次、"情感、态度与价值观"层次;也可以分为短期目标、长远目标,这样可能会有利于目前的课程经过几轮实践,慢慢修改,逐渐成为一个内涵更丰富、外延更广阔的课程。

——上海市青浦高级中学　李哲浩老师

学习感悟 2

课程目标如何表述?一开始的两种表述选择,让我印象深刻。的确,我们经常会陷入第二种表述的误区——看似表述精练,实则笼统不可测,目标表述对象模糊。这正是我们在课程目标设计和教学目标设计中经常犯的错误。而第一种表述明确、具体、可测量、易操作。虽然我们会认为第一种表述的文字有点多,但它的确表述清晰、明确,让人一看就明白。那么,在表述目标时,有没有规范说字数上用多少会比较适宜,还是只要表达具体、可测量就可以?这也是我们在写目标时经常困惑的地方。本讲对四个典型问题的解答清晰易懂,非常接地气,给我们表述目标指明了方向。

——上海市宝山区宝虹小学　严芳老师

学习感悟 3

设立课程目标与设立课堂教学目标有相似之处。目标表述上,都包括"知识与技能""过程与方法""情感、态度与价值观"三个领域,具体、明确地表述了学生通过每一项知识、技能的学习后应达到的行为要求,再将这些表述进行层次化处理,使之具体明确、可操作性强。目标撰写要注意四点:(1)明确学习者才是学习的主体;(2)行为动词应精准,必须是可测量、可评价的;(3)行为条件必须指向影响学习结果的条件或范围;(4)表现程度必须是学习后预期达到的最低表现水准。我也认为表格中第一种表述比较好,让学习者一看课程目标就能猜测出学习中要参与哪些活动,达到什么要求,清晰明确。

——上海市崇明区教育学院　金香老师

19 | SMART 原则：让课程目标表述更清晰

 适用对象及情境

1. 想要了解课程目标设立的人员。
2. 对以下问题抱有好奇心的人员：
一个适切的课程目标是什么样的？

 开门见山，聚焦问题

SMART 是一个英语单词，表示"聪明"的意思。我们如何才能聪明地表述课程目标呢？这里，我们对 SMART 这个单词进行拆分，分析清楚每个字母的意思，就能知道答案啦！

 释疑解惑，示证新知

S 代表的是 Specific，课程目标必须是具体的，不能笼统。

M 代表的是 Measurable，课程目标必须是可以测量的，有明确的数据或可观测的表现作为测量依据。

A 代表的是 Attainable，课程目标必须是可达成的，应避免设定得过高或过低。

R 代表的是 Relevant，课程目标之间要有相关性。

T 代表的是 Time-bound，课程目标达成是有时间限制的。

这样说可能还是有点抽象，下面，我们举个例子具体说明一下。请您先阅读下面这门课程的目标，根据 SMART 原则说出其中的问题，并进行修改。

某门课程的目标：(1)通过培训，教师能够认识到从"基于经验的教学"转变为"基于标准的教学"的实际意义，掌握转变的方法，把握好转变的度；(2)教师能够在专家的指导下撰写课例，通过课例撰写，进一步检验和提高自身基于标准教学的能力；(3)在培训中，教研组和备课组要发挥研究团队的作用，实现同伴互助和共同提高。

这门课程的三个目标在 A 和 R 上没有太大的问题,目标之间有相关性,可达成度上似乎也没有设定得过高或过低。主要问题出在 S、M 和 T 上,即课程目标太宽泛,不具体,难测量,这样的目标往往也没有时间限制。这也正是上一节所提到的课程开发者在设立课程目标时存在的典型问题。

那么,如何修改呢？我们可以多用描述学习者学习结果的句式,如"能说出……""能解释……""能写出……""能分析……",并将检测指标数字化。一旦目标变得具体、可测量,时间限制即使不明确写出,也往往暗含其中了。下面是修改后的课程目标:

修改后的课程目标:(1)聆听主题报告,能说出从"基于经验的教学"转变为"基于标准的教学"的方法和操作要点,依据基于标准的教学方法和操作要点,撰写 1 至 2 篇教学设计方案;(2)聆听专题辅导报告,能说出课例撰写方法,依据课例撰写方法至少撰写 1 篇课例;(3)与教研组或备课组成员合作,梳理基于标准教学的基本问题,分工合作,至少完成 10 篇基于标准的教学设计和课例撰写任务。

怎么样？现在的课程目标是否更 SMART 了呢？当然,这只是参考答案,如果您有更好的想法,请赶快扫描二维码告诉我们。

问卷｜SMART原则：让课程目标表述更清晰

 学思用结合,内化转化

学习感悟 1

本讲中,课程目标表述的 SMART 原则提炼得非常到位,让我们在课程设计时可以一一对比,检验自己的课程目标是否具体、可测量、达成度高……这样也可以让我们有效避免在课程目标设立时的一些常见问题。两个课程目标案例的对比,让我们更加清晰地认识了 SMART 原则。由此,我联想到教学目标设立后,教学活动的设计也可以用 SMART 原则进行检验,这也可以成为检验自己教学行为的一种策略。

——上海市浦东新区坦直中学　许秀华老师

学习感悟 2

在英语教学设计中,我们常说"目标导向",即目标有导向作用。目标的撰写要遵循 ABCD 原则:A-audience,有行为主体;B-behavior,有行为动词;C-condition,有行为条件;D-degree,有行为程度。课程目标设计时,本讲中介绍的 SMART 原则,在 ABCD 原则的基础上,进一步明确了好目标的判断依据——具体清晰、可达成、可检测、相关联、有时效,妙不可言!

——上海市青浦区崧文小学　陈婷婷老师

学习感悟 3

学习了本讲内容,我修改了自己预申报的"布艺——笔袋"课程的目标。修改后的目标如下:(1) 整理分析收集的资料,根据自己的需求,确定笔袋的设计要求,用文字和草图表达构思方案,并能与同伴交流,听取他人建议;(2) 分析笔袋的结构,根据构思方案绘制展开图与裁剪图,初步学会布艺作品图样的绘制方法,提升技术设计与表达能力,养成合作互助的品质;(3) 经历草图、展开图与裁剪图的绘制过程,比较、理解三种图样的作用与关系,体验布艺作品设计的一般过程与方法,发展空间想象力并形成个性化的创新设计。

——上海市崇明区教育学院　黄瑾老师

第三步 选择与组织课程内容

❈ **本章学习目标**

1. 理解课程内容的内涵
2. 掌握选择课程内容的方法与技术
3. 掌握组织课程内容的方法与技术

✤ **本章学习路线**

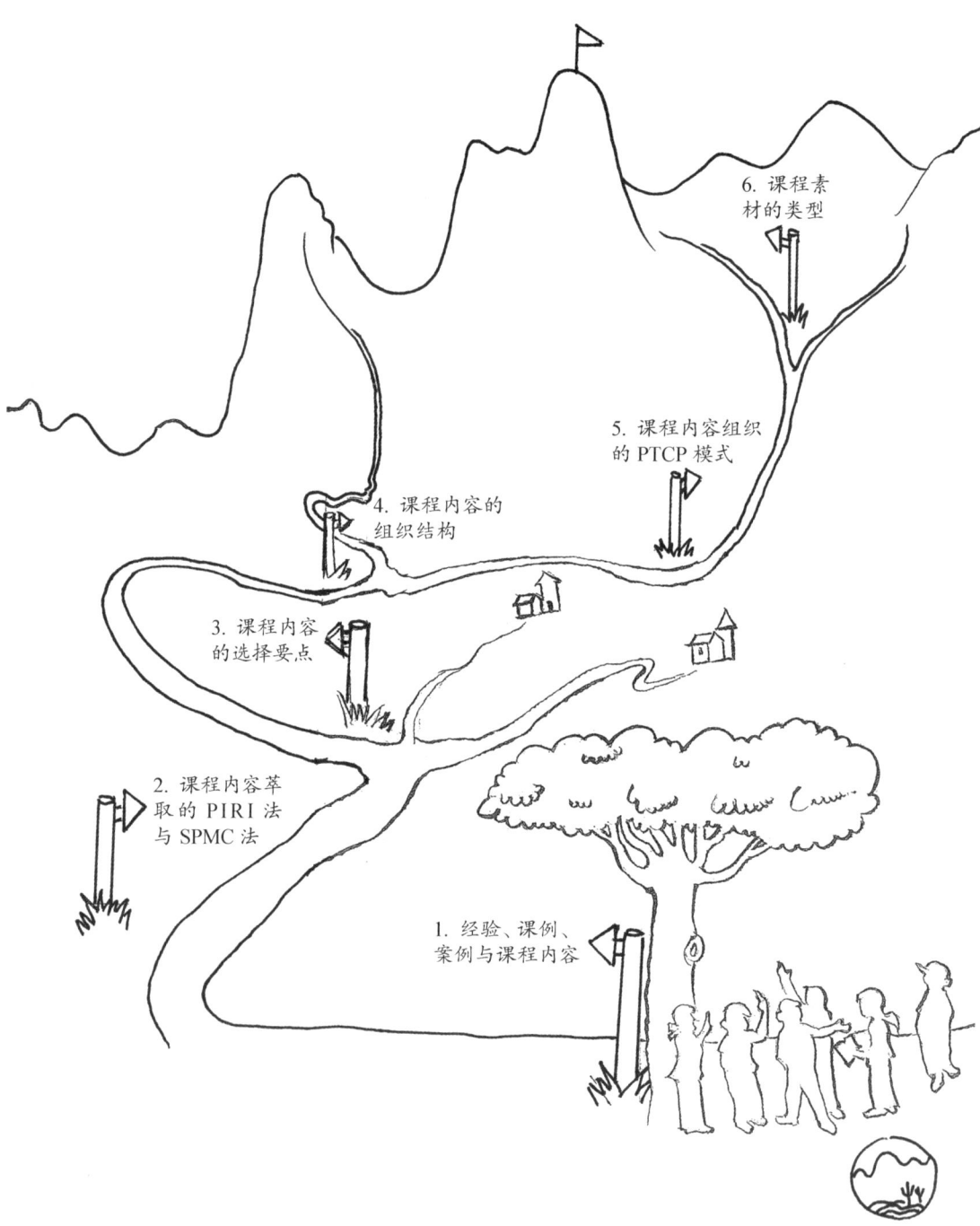

(绘图 范瑞华)

20 | 对主题感兴趣但经验有限,该如何选择内容

适用对象及情境

1. 对教师培训课程开发有强烈兴趣的人员。
2. 对以下问题抱有好奇心的人员:
前期没有经验积累的人能开发培训课程吗?

开门见山,聚焦问题

有时我们会对某个问题产生极大的兴趣,但是自身并没有解决这个问题的成熟经验,那么,我们能开发与此有关的教师培训课程吗?有的教师可能会说:"不能,自身没有经验教给别人什么呢?"也有的教师说:"应该可以,虽然当前经验有限,但可以把课程开发作为驱动任务,在学习他人经验的基础上,通过实践,一边学习一边开发。"也有的教师说:"即使有经验,个人的力量也是有限的,课程开发者每次开发培训课程时都要借鉴和参考其他的资源!"我们的观点是:"只要对开发教师培训课程有极大兴趣与信心,作为专业人员,每位教师都可以尝试开发教师培训课程。"

释疑解惑,示证新知

培训课程的内容可以是自己直接的实践经验,还可以是对他人观点的梳理、提炼、丰富、拓展。如何萃取他人的经验呢?这里提供三种方法。

第一种方法是访谈专家,萃取优秀的实践经验。这种方法有两个关键点。一是能找到真正的专家。专家需要具有与课程主题相关的工作实践经验,且表现优秀,如果专家善于表达就再好不过了。二是经验萃取者要掌握一定的萃取方法和工具,具备经验萃取的能力。专家访谈时,可以是一对一的专家访谈,也可以是一对多的专家工作坊研讨,经验萃取者对访谈的资料进行整理和验证后,

就可以开发培训课程了。如学科育德这个主题,我们都觉得非常重要,但我们又缺乏这方面的实践经验,于是,我们就访谈了于漪老师,对她的实践经验进行萃取,开发出学科育德系列培训课程。这种方法对萃取者的能力要求比较高,也比较花费时间。

第二种方法是直接借鉴,引用外部经典。您可以直接借鉴与您关注问题相关的成熟的方法和工具。直接借鉴要遵循两个原则:一是他人成熟的方法必须与课程主题相匹配,能解决实际问题;二是为成熟的方法配套教学和练习的工具,避免完全照搬。比如,您觉得"五步玩转教师培训课程设计"课程中的五步法非常好,但在开发自己的课程时,您应当结合具体内容和学员对象的特点,为其中的步骤设计一些工具,便于开展培训。

第三种方法是间接借鉴,改造已有方案。如果您感兴趣的主题具有创新性、变革性,既没有成熟的专家经验,也没有成熟的应对方法,只有一些与之有关联的解决方案,这时就可以在有关联的解决方案的基础上进行修改,减少另起炉灶的时间。比如,我们一直想找到一种便于教师理解和掌握的课程内容组织逻辑,但现有的逻辑模式都不能完全满足需求,于是,我们借鉴"What—How—Why"模式,对其进行改编,形成了更适合教师学习的 PTCP 模式(Problem—Theory—Case analysis—Practice),并对四个环节的具体设计要点进行了补充。

问卷 | 对主题感兴趣但经验有限,该如何选择内容

以上三种方法都能帮助我们找到与课程主题相匹配的课程内容。不管您是否有直接的经验,只要您对主题有兴趣,您都可以借助这三种方法,选择适合的课程内容。请根据您的情况,选择其中一种方法试试吧。欢迎您扫描二维码把学习体悟分享给我们。

学思用结合,内化转化

学习感悟 1

我想把"学校心理工作伦理"作为课程开发的主题,但苦于经验有限。学习这讲内容后,我计划按照"五步玩转教师培训课程设计"课程中的步骤来实施课程开发。第一,从理论文献与指导纲要研究入手,结合对资深心理工作者的访谈,确定心理工作的总体伦理要求。第二,设立课程目标,如学习与掌握相关文件的伦理要求,运用头脑风暴法开展小组讨论,增强心理工作的伦理意识。第三,编制相关内容,根据学校心理工作的常规活动,分课题进行课程开发,如心理课程开发与实践伦理规范、心理咨询伦理规范、危机处理伦理规范、心理活动月伦理规范、特殊事件处理伦理规范。第四,设计教学活动,倾向于运用案例讨论等参与性较强的方案来进行。第五,设计评价活动。

——上海市青浦高级中学　李哲浩老师

学习感悟2

本讲中呈现了三种便捷、有效的方法:一是访谈专家,萃取优秀实践经验;二是直接借鉴,引用外部经典;三是间接借鉴,改造已有方案。我认为,这三种方法对于"菜鸟"来说非常有借鉴性,可以快速提升阅读者的实践能力,可操作性强。对于我来说,选择一个与我现有经验最匹配的方案,实施起来会更有方向。

——上海市嘉定小蜜蜂幼儿园　吴彧老师

学习感悟3

我认为,教师培训课程开发关键是要有兴趣和信心,并能够选择适合的方法去筛选内容,转化成恰当的课程内容。这一讲也为我们提供了一个方法论的指导,非常清晰地教会了我们筛选教师培训课程内容的方法:如果您有实践经验,您可以反思和总结自身的实践经验;如果没有也无妨,您可以通过访谈专家、直接借鉴和间接借鉴等方法,把别人的经验、经典的方法或者相似的情形融入自己的教师培训课程。

——上海市嘉定区真新小学　袁雯雯老师

学习感悟4

在学习本讲内容前,我一直认为课程开发者是运用自身经验来教授学习者的。经过学习,我了解到还可以通过对他人观点的提炼、丰富,把间接经验转化为课程内容。回顾我之前设计的人形彩泥课程,我的教学内容是传授彩泥的制作技法,缺少系统的教学模式,并且没有激发学生的个性化创作,致使我的课程内容过于单一。对此,我可以尝试调整课程的框架结构,借鉴优秀的教学模式,重新设计课程内容,让自己的课程内容更加鲜明、有深度。

——上海市曹杨二中附属江桥实验中学　陈婉老师

21 | 课例、案例能否直接作为课程内容

 适用对象及情境

1. 对教师培训课程开发有强烈兴趣的人员。
2. 对以下问题抱有好奇心的人员：
平时积累的优秀课例、案例等如何转化为课程内容？

 开门见山，聚焦问题

很多教师在面对教师培训课程开发时都会有疑问："我没有系统的理论，我的经验都是一些教学课例、案例、课件，这些能作为培训课程的内容吗？"这个问题非常关键，在这里需要澄清课程素材与课程内容两个概念。

 释疑解惑，示证新知

一般来说，课程素材是课程内容的载体，课程内容是更为抽象的概念、方法、原则、策略等。培训则是运用课程素材，让学员学会应掌握的课程内容。

多年来，王老师一直在课堂教学中探索有效开展小组合作学习的方法和策略，她把自己这些有关课堂合作的教学视频录下来，并在每次实践后进行反思，最后总结出了"不同目标导向下小组合作学习的方法与策略组合"。王老师把这一有益经验转化成了培训课程。在培训中，王老师通过让学习者观看自己的课堂教学视频案例，分析"效果好的小组合作学习采用了什么方法，为什么要用这种方法""效果不好的小组合作学习中教师和学生各有什么样的表现，为什么会这样，应该如何解决"等问题，最终引导学习者加深对有效小组合作学习方法的认识，并运用到自己的课堂教学中去。

从这里我们可以看到，在培训中，王老师希望学习者掌握的内容是"有效小组合作学习的方法和策略"，但她并没有直接告诉学习者方法和策略是

什么,而是通过对正、反课例视频的分析,让学习者根据结果推断原因,并找到对应的方法和策略。因此,课例视频只是一种非常关键的培训课程素材,但还不是课程内容,真正的课程内容是更上位的有效小组合作学习的方法与策略。

在实践中,教师的优秀经验往往表现在各种各样的场景中,隐含在各种课例、案例、课件、教案中,具有一定的情境性。这种经验有一个很重要的特点,即富有故事情节,比较个人化,零散,但因为没有清晰的框架,很难被复制。因此,这些只能是培训课程的素材,还不是课程内容。

课程内容是结构化的经验,要求课程开发者从众多碎片化的、具象性的信息中抽象出要点,并按照一定的逻辑形成一个结构。

课程素材和课程内容都是培训课程必不可少的内容,两者密不可分。课程开发者拥有课例、案例、教案等丰富的课程素材后,要进一步总结和提炼,才能使之上升为教师培训课程内容,否则就变成了素材的堆砌。

如果课程开发者先有了确定的课程内容,则需要配以适合的课程素材,让课程生动有趣,让学习者印象深刻。这比单纯讲大道理的效果要强百倍,正如案例中王老师对视频课例的运用。

问卷|课例、案例能否直接作为课程内容

以上就是我们对这个问题的回答,不知能否解答您心中的疑惑?请扫描二维码把您的感悟和观点分享给我们。

学思用结合,内化转化

学习感悟1

看了对课程素材、课程内容的区别和联系的介绍,我有一种豁然开朗的感觉。作为一名基层教研员,我接触过各种各样的案例,如何对这些案例进行总结提升,把其中的闪光点变成结构化的课程,系统呈现和分享给更多的教师,是我一直想做的事情。我进行过一些尝试,设计了一些课程,但一直处于下意识的自发的状态。这里的回答和分析使我的课程设计思路和开发工作条理更清晰,思考更完善。

——上海市浦东教育发展研究院 周玉枝老师

学习感悟 2

通过学习,我理解了课程素材、课程内容的含义与关系。这两者是不冲突的,是相互包容的关系。那么,怎么让两者更加有效地结合起来呢?通过思考,我认为,课程素材与课程内容之间的桥梁是有效的课程设计。课程开发者应使用各种策略和方法,运用课程素材,让学员掌握课程内容,即教学方法要为课程内容服务。在学习过程中,我也思考了一些平时在活动中会涉及的有效的课程设计方法:(1)案例(故事)分析法,课程呈现过程中,每个论点都要有论据支撑,此时用案例(故事)来说明会更具权威性和说服力;(2)头脑风暴法,通过头脑风暴,让学员进行思想的碰撞,互相启迪,自己思考解决问题的方案;(3)视频教学法,用视频辅助课程内容呈现,如可以根据自己的课程内容选择相应的视频。

——上海市嘉定区小蜜蜂幼儿园　吴彧老师

学习感悟 3

学习本讲内容前,我其实也有着相同的困惑:我有许多教学经验和案例,但这些经验和案例能作为课程内容吗?现在,我对课程内容和课程素材两者之间的关系有了新的理解。其实我们在设计课程时,可以先罗列自己的教学经验和案例,再进行挑选、整合、重组、归纳,形成一定的框架并提炼要点,这样就形成了课程内容,而整合起来的经验和案例就是课程素材。我觉得这种自下而上的课程设计方式对于我们一线教师来说较为实用和有效。

——上海市嘉定区叶城小学　李超老师

学习感悟 4

经验其实是很可贵的东西,这些课例和案例被收集起来,就成了丰富的课程素材。而课程内容是更上位的概念,是结构化的经验。这一讲的学习让我更加清楚了在培训课程建设过程中如何区分素材案例与方法策略、在平时的教育教学中如何做个课程素材的有心人和课程内容的发掘者。对于课程开发者来说,确定合适的课程内容是至关重要的,这也非常考验开发者及其团队的专业功底、理论基础和视野格局。只有合理使用课程素材,才有可能把课程内容用喜闻乐见的方式、深入浅出地呈现给参加课程学习的教师。两者有效衔接,是一门精彩课程最吸引人、也最令人获益的关键。

——上海市嘉定区第一中学　文秋婵老师

学习感悟5

　　在教师培训课程中,课程素材和课程内容是必不可少的,两者具有密不可分的关系。课程素材是课程内容的载体,而课程内容是更为抽象的概念、方法、原则、策略等。

　　如果课程开发者拥有丰富的课程素材,如图片、视频、案例文本,则需要萃取素材精华,根据课程需求来综合取舍表象信息,总结提炼具象要点,按照逻辑形成结构化的经验,高屋建瓴地设计好课程内容。

　　如果课程开发者已确定好课程内容,则可以在理性逻辑下增添感性课程素材,如隐喻、通俗易懂的故事、趣味性的游戏,将理论与实践相结合,避免苍白无力地照本宣科,使培训课程更加接地气、能落地。

——上海市杨浦高级中学　徐玥颖老师

22 | PIRI 案例复盘法：助您把优质课整理成教学案例

  适用对象及情境

1. 对教育案例萃取与撰写、教师培训课程开发感兴趣的人员。
2. 对以下问题抱有好奇心的人员：
如何把优秀的公开课转化成适切的教师培训课程素材？

  共情互动，聚焦问题

如果您是一位中小学教师，在上了一堂反馈特别好的课后，您想把这堂课加工转化为教学案例，便于在今后的经验推广中比较深入地分享给同行，或在教研论文和教师培训课程开发中作为素材使用，那么，这一讲特别适合您，因为这一讲将解决一个关键问题——如何把优质课加工转化为教学案例。这里的教学案例不是上课前准备的教案，也不仅仅是课堂教学实录，而是对课进行较为深入的反思后形成的比较完整的对教学过程的思考。

  释疑解惑，示证新知

PIRI 案例复盘法就是一种把优质课加工转化为教学案例的有效工具。PIRI 是 Plan（计划）、Implementation（实施）、Result（结果）、Introspection（反思）四个单词的首字母缩写。"复盘"是围棋术语，原指对局完毕后，复演该盘棋，以检查对局中招法的优劣与得失。在本讲中，"复盘"是指回顾和反思教学实践全过程，以形成完整的教学案例。PIRI 案例复盘法引导教师回忆、整理和思考教学计划、教学实施过程、教学结果和教学反思四个步骤，进而呈现出一段教学实践的全貌，见图 1。

教师对自己教学实践中优秀经验的提炼往往从教案开始。教案又称教学设计，是上课前的教学准备，包括对教材和学情的分析、对教学目标的预设、对教学

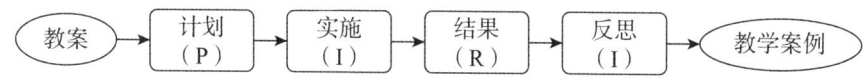

图 1　PIRI 案例复盘法示意图

内容的安排、对教学方法的设计、如何组织有效的教学活动等。

下面用一个案例来说明 PIRI 案例复盘法的使用过程。

某重点高中物理学科的小李老师在一次公开展示课的新课引入环节成功地完成了一个演示实验,取得了很好的教学效果。她尝试用 PIRI 案例复盘法对这一教学过程进行梳理。

第一步是回顾教学计划(P)。当时为了给"波的干涉"这堂公开课找一些能激发学生兴趣的引入材料,她绞尽脑汁。她先后想到了"采用水波图片""播放湖面划船的视频""现场演示水波干涉仪",但效果都不理想。周末带孩子去上海科技馆时,她看到许多孩子围在喷水的"鱼洗"旁边,争先恐后地想试试如何让水盆里的水喷起来。小李老师眼前一亮,"鱼洗"喷水现象中也蕴含着水波的干涉,可以用"鱼洗"来引入"波的干涉"这一课。她的想法得到教研组组长和学校的大力支持。一周后,小李老师就用新买的"鱼洗"上了一节试讲课。

图 2　鱼洗

第二步是描述教学实施过程(I)。在第一个班试讲时,小李老师在新课引入环节演示了喷水的"鱼洗",果然吸引了学生的眼球,现场气氛很热烈。但坐在教室后半部分的学生说看不清,还有些学生想亲手尝试一下。在第二个班试讲时,小李老师采用了实物投影仪,将"鱼洗"投影到大屏幕上,并在演示后,请几位最感兴趣的学生来尝试。这次,现场气氛更加热烈了。有不少学生感叹"鱼洗"喷水的现象很神奇,询问我们国家是否在几千年前就有这么神奇的物件了。小李老师灵光一闪,用"鱼洗"引入不仅可以激发学生对于新课的兴趣,还可以培养学生的爱国情感。在第三个班试讲时,小李老师先介绍了"鱼洗"的悠久历史和中国劳动人民的勤劳与智慧,再和学生一起演示实验现象,同时让有兴趣的学生中午休息时间去物理实验室亲手尝试如何让"鱼洗"喷水。

第三步是陈述教学结果(R)。从教学实施过程可以看到,把"鱼洗"作为"波的干涉"的新课引入这一教学计划很成功,不仅达成了预期的"激发学生兴趣"的教学目标,还具有其他教学功能。

第四步是开展教学反思(I)。1.把"鱼洗"作为新课引入达成了以下教学目标:(1)激发了学生的好奇心和求知欲,不仅成功地吸引了学生的注意力,还使其对物理学科产生了浓厚的兴趣;(2)激发了学生的爱国情感;(3)激发了学生动手实验的兴趣。2."鱼洗"喷水实验操作中的注意要点是确保观察现象的清晰度,创造更多机会让学生尝试。

上述案例中,小李老师应用 PIRI 案例复盘法全面地回顾和反思了自己的教学过程,把这一成功的教学设计完整记录下来,将优秀的教学过程固化下来,转变为可视化、易传播的经验性知识和技能。这个教学案例中既有对教学过程的记录和描述,也有提炼和总结,有效结合了课程素材与课程内容,是开发教师培训课程前的重要资源积累。

如果您也把一些优秀的教学实践整理成了案例,欢迎您扫描二维码分享给我们。

问卷 | PIRI案例复盘法:助您把优质课整理成教学案例

学思用结合,内化转化

学习感悟 1

PIRI 案例复盘法有点类似于课例研究法。课例研究法一般在课前就设计了明确的研究点,教学设计、实施中重点关注的观察点、反馈点、改进点和每一轮教学后的教学反思都要围绕这个研究点展开。PIRI 案例复盘法要求教师在上完课后,回顾整个过程,反思从设计到实施全过程中的成功与不足,抓住一个关键点,完成教学案例。课例研究法比较适合课题研究过程中进行的教学实践研究;PIRI 案例复盘法比较适合把单独的一节优质课(市级或区级公开课、评优课等)加工转化为教学案例。

——上海市奉贤区光明学校　朱春霞老师

学习感悟 2

　　学完这讲内容，我认识到教学案例不是教学设计、教学实录或教学反思，而是对教学计划、教学过程、教学结果的有序反思，具有全过程反思的特点。这不仅使我走出了对教学案例的认识误区，也让我明确了教学案例撰写的步骤。

　　因此，PIRI 案例复盘法不是对教学过程的回忆或描述，而是在每一轮教学后比较最初预想的过程和最后实施的过程有哪些不同，反思从前者向后者演变的理由和依据是什么。这充分体现出 PIRI 案例复盘法反思和研究的特点，对一线教师案例撰写具有方法与过程指导的意义。我自己学习后，对案例撰写也产生了浓厚的兴趣。

——上海市杨浦区教育学院　金莉老师

学习感悟 3

　　PIRI 案例复盘法，让教师通过简单的四个步骤就能呈现出一段教学实践的全貌，是一种行之有效的案例转化法。在学习 PIRI 案例复盘法的过程中，我体会最深的是不能缺少反思。之前，很多教师由于未把反思作为转化工具的最后一环，没有抓住生成资源，没有形成改进措施，让优质课变成了静态的"文本"，没有发挥更大的功效。教师如果能持续按照 PIRI 案例复盘法把自己开设的公开课整理为教学案例，不仅可以提升个人的教学水平，也有助于固化成果与资源共享。

——上海市徐汇区教育学院　衣兰老师

学习感悟 4

　　PIRI 案例复盘法是我们进行教学诊断的一种有效路径。教师通过案例的复盘，不断探索课堂教学的改进方法，可以优化教学实施策略。对教学计划和实施过程的关注，有利于教学管理者对教师教学进行过程性指导。PIRI 案例复盘法对教学管理的诊断与改进具有现实意义，推动其往常规方向发展。而教学结果和教学反思是整个案例复盘的关键，就教师而言，使用 PIRI 案例复盘法对其课堂教学的改进具有引导作用，同时也为其学科教学提供了丰富、立体的教学案例，有利于整个教研组教学质量的提升。

——上海大学附属南翔高级中学　夏海丽老师

23 | SPMC 萃取法：助您把实践经验转化为课程内容

适用对象及情境

1. 对教育实践经验的萃取与撰写、教师培训课程开发感兴趣的人员。
2. 对以下问题抱有好奇心的人员：
如何将教师平时积累的教育教学实践经验转化为有价值的课程内容？

开门见山，聚焦问题

教师在教育教学实践中会积累大量的经验，表现为教案、教学案例、课例、反思日志等，这些经验有深浅、正误之分，也存在着不断发展变化的可能。所以，不是所有的经验都可以作为课程内容，只有那些经过一定的实践被证明有效的经验，才能被视为有价值的内容，进而成为教师培训课程的内容。教师如何对自己的经验进行萃取与论证呢？本讲要介绍的 SPMC 萃取法，也许能够帮助您快速把教育教学案例或经验提炼成有价值的课程内容。

释疑解惑，示证新知

SPMC 萃取法中，S 是 Step(步骤)的首字母，P 是 Problem(问题)的首字母，M 是 Method(方法)的首字母，C 是 Comparison(比较)的首字母，四个单词的首字母合起来就是 SPMC。

使用这种方法，有四个步骤，见图 1。第一步，区分出案例中包含的操作步骤或程序。第二步，明确每个步骤要解决的关键问题。第三步，思考解决每个关键问题的方法。第四步，对萃取出来的方法进行比较分析，确保这些方法是最优化的方法。

举一个具体应用的例子。

王老师是一位资深的班主任，经常有青年教师向她请教如何给班级学生排

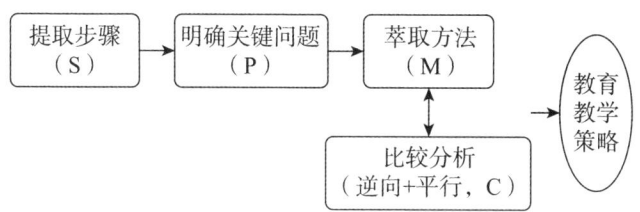

图 1　SPMC 萃取法

座位。她采用 SPMC 萃取法对自己这方面的经验进行了提炼。青年教师很容易就掌握了她的方法。那王老师具体是怎么提炼的呢？王老师选取了一个自己完成得最好的排座位的案例，逐步分析。

第一步，提取步骤（S）。她思考了自己排座位的步骤，主要涉及三方面：(1)了解学生情况；(2)选择恰当的方法排座位；(3)试坐和调整，见图 2。

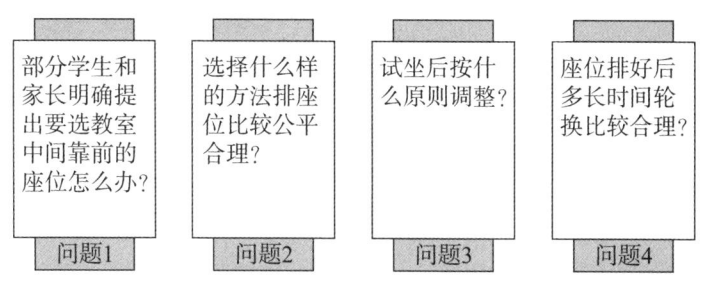

图 2　提取步骤示例

第二步，明确关键问题（P），见图 3。王老师分别列出了三个步骤中的关键问题，如部分学生和家长明确提出要选教室中间靠前的座位怎么办？选择什么样的方法排座位比较公平合理？试坐后按什么原则调整？座位排好后多长时间轮换比较合理？

部分学生和家长明确提出要选教室中间靠前的座位怎么办？	选择什么样的方法排座位比较公平合理？	试坐后按什么原则调整？	座位排好后多长时间轮换比较合理？
问题1	问题2	问题3	问题4

图 3　明确关键问题示例

第三步，萃取方法（M）。王老师归纳了自己用来解决上述问题的四种主要方法,分别是身材高矮法、性别搭配法、性格互补法、成绩差异法。

第四步,比较分析(C),见图4。王老师对自己的方法进行了逆向比较。所谓逆向比较就是思考一下如果不采用这些方法排座位会怎么样。王老师发现,恐怕会乱作一团,造成学生不服和家长不开心的问题。王老师进而把自己的方法与"按学号排座法""成绩优先排座法"进行平行比较。她发现,自己的方法更加公平公正,并且具有灵活调整的空间。

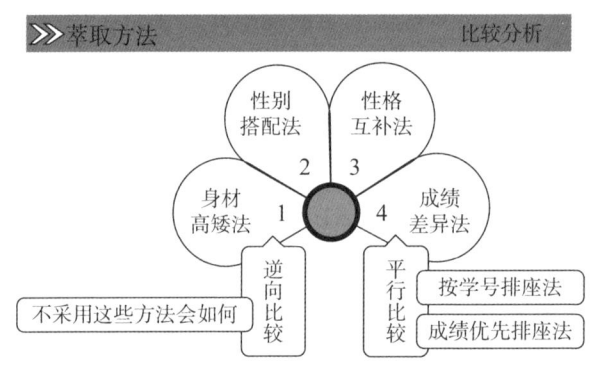

图 4　比较分析示例

就这样,利用SPMC萃取法,王老师从自己排座位的案例中归纳出了有利于学生互帮互助的异质搭配排座位策略,即让性别、性格和学习能力具有差异性的同学同桌,兼顾身高、视力等自然因素,并采取每月轮换制度和特殊原因微调制度。

问卷｜SPMC萃取法：助您把实践经验转化为课程内容

王老师的这个策略让很多青年班主任受益匪浅。

赶快试着用SPMC萃取法来提炼您最优化的教育教学案例吧！请扫描二维码分享您应用SPMC萃取法或其他方法的经验。

学思用结合，内化转化

学习感悟1

我在社会实践探究活动的分组中,用SPMC萃取法进行了初步尝试。

第一步,提取步骤(S)。一是了解不同学生的情况;二是选择恰当的方法分组;三是尝试第一次活动并调整。

第二步,明确关键问题(P)。学生实践能力、语言表达能力、报告撰写能力的差异是怎样的？什么样的分组模式相对公平和合理，有利于提升学生的能力和素养？如果个别学生没有小组愿意接纳该怎么办？实践过程中成员之间产生矛盾该如何调节？

第三步，萃取方法(M)。一是根据每个人人际交往能力、报告撰写能力、电脑技术能力等不同确定组别；二是投票选出六个小组的组长，从每个类别里按照猜拳顺序依次挑选小组成员，直到选完；三是如果小组成员在实践中产生矛盾，在教师介入的情况下由组长召开组员会议协调。

第四步，比较分析(C)。如果不这么做，会产生什么后果？根据以往经验，教师强制分组，或采用其他分组方法，会有学生不满，容易导致学生之间产生矛盾。在分组的过程中，教师要以学生为主体，让学生充分参与进来，发挥学生的能动性。到目前为止，这个分组的方法是相对比较合理的。

——上海市民办兰生复旦中学　盛利铭老师

学习感悟2

使用案例：自制教具提升劳技学科课堂教学有效性的研究。

第一步，提取步骤(S)。了解课程标准中对自制教具的要求，选择教材中工艺模块类的作品制作成教具，磨课中关注自制教具的适切性和优化课堂教学。

第二步，明确关键问题(P)。教师提出把工艺模块类的作品制作成教具，这对教具本身的产品参数有什么要求吗？自制教具适用于课堂教学中的哪些环节？

第三步，萃取方法(M)。(1)自制教具要做得好看：自制教具用在情境创设环节，使学生感受技术魅力；(2)自制教具要做得大些：自制教具用在操作示范环节，当作学生的学习范例；(3)自制教具要做得好拆：自制教具用在实物拆解环节，开启学生的逆向思维。

第四步，比较分析(C)。劳技学科课堂教学使学生明白了这节课要做什么、怎么去做、怎么样做得更好。(1)逆向比较：如果没有自制教具会怎么样？(2)平行比较：用短小的微视频来代替自制教具，发现在课堂中相比用微视频突破教学难点，自制教具的作用更大，后者可以用在课堂的开始、互动、延伸环节。

——上海市崇明区教育学院　黄瑾老师

学习感悟3

SPMC萃取法很实用，操作性强。现以"促进幼儿思维发展的提问与回应"

为例说明。

第一步,提取步骤(S)。一是对提问的类型进行理论培训;二是教师进行提问设计;三是依据设计的提问进行试教和剖析。

第二步,明确关键问题(P)。教师是否理解和内化了六类提问?教师设计的提问是哪种类型的?选择这种类型的提问恰当吗?某次教学的目标是什么?可以通过哪些提问实现?这些提问是否促进了幼儿的思维发展?

第三步,萃取方法(M),如价值判断法、目标锁定法、轮流操作法、重点实践法。

第四步,比较分析(C)。逆向比较:应该使用目标锁定法+重点实践法。平行比较:只采用其中一种方法,然后进行比较,效果不好。

——上海市长宁区教育学院　汤杰英老师

24 | 别把自己喜欢的食物当作鱼饵

  适用对象及情境

1. 在培训课程内容的选择上存在误区的人员。
2. 对以下问题抱有好奇心的人员：
培训内容是不是越多、越系统越好？

  类比引入，聚焦问题

图1　该用什么当鱼饵

如果去钓鱼,您会用鱼喜欢的食物(如小虫子)当鱼饵,还是用自己喜欢的食物(如大鸡腿)当鱼饵呢？您是不是觉得这个问题有点可笑——谁会笨到用自己喜欢的食物当鱼饵呢？

可是,一些培训课程内容的选择和安排恰恰就犯了这样的错误。在您参与的培训中,或许出现过这样的情形:在听到您特别感兴趣的培训内容时,培训者却说"由于时间关系,这点就不多讲了"。这时,您可能会暗暗在想:"前面那些背景意义可以少讲点,后面的操作内容可以多讲点。"对于培训者来说,这时就犯了

"把自己喜欢的食物当作鱼饵"的错误。

释疑解惑，示证新知

为什么会这样呢？原因很多，主要有两点：(1)培训者不是特别了解学习者的需求，所以，只能以自我为中心，自己有什么、自己认为什么重要就教什么；(2)培训者对学习者的需求有所了解，但缺乏根据学习者的需求对自己的知识进行转化的意识与能力，导致有些内容很好但学习者理解不了。一句话，这些教师培训课程恰恰把"教师"给遗忘了。(关于这一点，我们从本书开始就反复提醒大家，不要遗忘"教师")

教师培训课程在内容的选择上怎样才能做到不"遗忘"教师呢？下面这则故事或许会对您有所启发。

吴老师是一位资深的小学数学老师。第一次开发"小学生运算错误与对策"这门教师培训课程时，他选取的培训内容有：(1)小学数学计算的重要性；(2)小学数学课程标准有关计算的要求；(3)小学生常见运算错误的种类；(4)小学生常见运算错误的原因；(5)小学生运算错误的相应教学对策。他总是担心内容不够全面和系统。

第一遍实施下来，他就意识到自己选的内容有点多了，教师最感兴趣的就是小学生运算错误的相应教学对策。于是，他调整了培训课程的内容，不再追求全面和系统，而是围绕教师最需要的教学对策，精选了小学生典型运算错误的表现、错误的原因以及相应的教学对策。第二遍实施过程中，教师的学习热情高涨，吴老师也体验到了从未有过的满足感。

您从吴老师的经历中得到了哪些启发？我们深刻认识到，一定要针对培训对象的需求与兴趣精选内容，因为教是为了学，参训教师学得好，我们培训的目标才能达成。

问卷│别把自己喜欢的食物当作鱼饵

别忘了，钓鱼，一定要用鱼喜欢的食物当鱼饵！

充分考虑参训教师的需求，您会做得更好！请扫描二维码把您的体会分享给我们。

学思用结合,内化转化

学习感悟1

引人入胜的标题,生动形象的讲解,恰到好处的案例,这讲内容着实给了我们一个最好的榜样。教师在教学的过程中最怕什么?我认为是"教"与"学"没有产生共鸣,即教师和学生之间没有产生应有的化学反应。

就像本讲中所说的,教师必须知道学生需要什么。如果教师纯粹按照个人的喜好去授课,就会产生以下结果:(1)学生提不起兴趣,觉得课堂枯燥乏味;(2)师生缺乏互动;(3)将课堂变成了传统的填鸭式教学。这样的课堂一定是失败的。

学了本讲内容后,我要求自己在今后的教学中多方面了解学生的内心,挖掘他们的兴趣点,明确他们学习上比较薄弱的方面,然后再有针对性地进行教学,从而达到教学相长的目的。

——上海市杨思中学　王倩倩老师

学习感悟2

"教是为了学",这是培训者都明白的道理,但在实践过程中,培训者往往会选择自己专业的、自己想说的、自认为重要的培训内容,忽视了培训对象的需求。这样的供需不平衡,容易导致培训事倍功半。

吴老师的案例发人深省,就如同教师分析练习题,把所谓的重难点灌输一通,却把错误率高、学生一知半解的内容简单带过,这才是"把自己喜欢的食物当作鱼饵",最后的结果很可能是让人失望的。

——上海市宝山区宝虹小学　蔡雨萍老师

学习感悟3

这讲用一个有趣的例子引出,让大家深入理解了"什么是好的鱼饵",通俗易懂,令人回味。我觉得,我们在平时开展培训的过程中,要站在教师的角度去思考,针对培训对象的需求和兴趣选择培训内容,才能达到培训的目标。总之,"钓鱼,一定要用鱼喜欢的食物当鱼饵"。

——上海市奉贤区青青草幼儿园　朱玲英老师

25 | 金字塔结构：让课程内容具有逻辑性

 适用对象及情境

1. 想把课程内容组织得条理分明、逻辑清晰的人员。
2. 对以下问题抱有好奇心的人员：
内容与内容之间的逻辑关系到底有哪些？

 开门见山，聚焦问题

教师在把丰富的教育教学经验、观点、方法、策略转化成培训课程内容时，怎样才能组织得条理分明，让人听得明白，容易理解呢？这一讲为大家介绍一种简单实用的思考工具——金字塔原理。它可以让您的课程内容更有逻辑性。

 释疑解惑，示证新知

金字塔原理由巴巴拉·明托（Barbara Minto）在1973年提出，指的是任何事情都可以归纳出一个中心论点，这个中心论点由若干分论点支持，分论点又由若干论点或论据支持……如此延伸，由上到下呈现出金字塔的形状，见图1。这种组织原理能够让我们在最短的时间内理顺思路，找到重点。

如果按照金字塔原理来设计课程内容结构，中心论点就是课程主题，分论点就是支撑课程主题的章，再下一级的论点就是支撑章的小节，再下一级的论据就是支撑小节的目，以此类推，章、小节、目就构成了课程内容的一级、二级、三级目录。我们通过一个例子来看看金字塔原理是如何帮我们理顺课程内容的。

陈老师正在尝试开发一门教师培训课程，这门课程聚焦小学中年级阅读教学中教师如何培养学生的概括能力。经分析后，陈老师把主题确定为"小学中年级阅读教学中概括的指导"。这就完成了第一步，起名字，结论先行。

第二步，搭框架，以上统下，归类分组。主题确定后，陈老师设想了来学习这

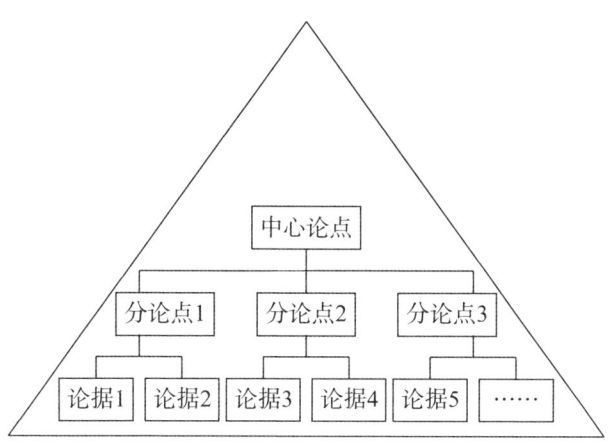

图 1　金字塔原理

门课程的教师对这一主题有哪些疑问。通过与身边的教师交流,陈老师确定了三个主要内容:一是概括能力的概念及其对学生发展的重要性;二是小学中年级阅读教学中与概括能力培养相关的内容与要求;三是小学中年级阅读教学中培养学生概括能力的指导方法。

第三步,定内容,逻辑递进。确定三章的标题后,陈老师又分别为每一章匹配分论点,然后逐个丰富分论点的论据。这样,课程内容就按照一定的逻辑关系丰富起来,形成了图 2 中这个课程内容金字塔结构图,层次分明,条理清晰。

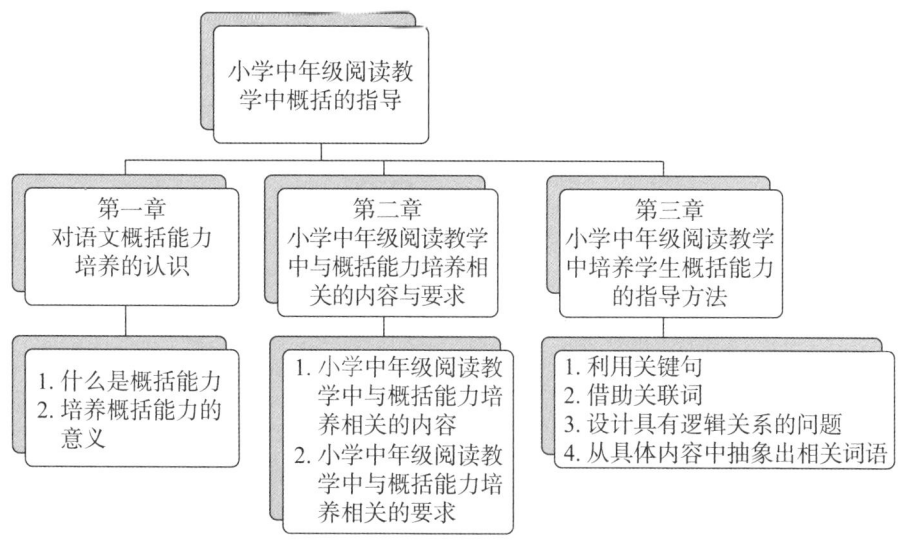

图 2　"小学中年级语文阅读教学中概括的指导"课程内容金字塔结构图

陈老师在搭建这样一个逻辑清晰的课程内容结构时,遵循了四个基本原则。

1. 结论先行。一门课程只聚焦一个核心主题。

2. 以上统下。上一层次的论点必须是对下一层次论点的总结概括。

3. 归类分组。横向结构中,每一组论点都必须属于同一个逻辑范畴,如"利用关键句""借助关联词""设计具有逻辑关系的问题""从具体内容中抽象出相关词语"都属于教学指导方法的范畴。

4. 逻辑递进。同一组论点按照逻辑顺序组织,具体按照哪种逻辑顺序要依据内容之间的关系。常见的逻辑顺序有时间/步骤顺序、空间/结构顺序、程度/重要性顺序。

问卷|金字塔结构:让课程内容具有逻辑性

这一思考工具,很多教师一用就能上手。请您也试着用金字塔结构来组织一下课程内容,并扫描二维码分享给我们。

学习感悟1

根据金字塔原理,运用四个基本原则,我尝试做了一个框架。

一级论点(中心论点):小学器乐教学中口琴的指导。

二级论点:第一章是口琴进课堂的意义;第二章是口琴教学的内容与要求;第三章是口琴教学的指导方法。

三级论点:对应第一章下面的是"口琴的特点和优势""口琴学习对音乐课的辅助作用";对应第二章下面的是"口琴教学的内容""口琴教学的要求";对应第三章下面的是"手势与姿势""气息的运用""吹、吸的方法""音阶的吹奏方法"。

——上海市宝山区宝虹小学　沈辉老师

学习感悟2

金字塔原理中的中心论点和分论点有点类似于思维导图的纲目,能够让我们在较短的时间内理顺思路,找到重点。突出的四个基本原则,即结论先行、以上统下、归类分组、逻辑递进,让人清晰易懂。我们把这个课程要点迁移到论文写作上,同样有指导意义。

——上海市青浦区教师进修学院　卓月琴老师

学习感悟3

  利用金字塔原理来理顺课程内容简便易行。结论先行、以上统下、归类分组、逻辑递进,既是原则也是方法,具有很强的课程架构指导意义。这种方法不仅对于课程建设有帮助,对于我们解决日常教学问题也有很大的指导价值。

——上海市青浦区华新小学 王建海老师

26 | 敢挑战下面的图形分类吗？课程结构就在其中

 适用对象及情境

1. 想把课程内容组织得条理分明、逻辑清晰的人员。
2. 对以下问题抱有好奇心的人员：
内容与内容之间的逻辑关系到底有哪些？

 活动引入，聚焦问题

图1中有九张结构图片，请根据它们所表示的内容与内容之间的逻辑关系将其分为四组。我们曾让不少于10组学员对它们进行分类，很少有人第一次就全部分类正确。您敢来挑战一下吗？

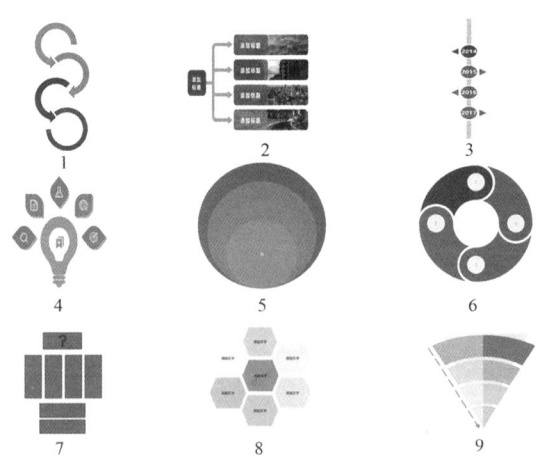

图1　九张随机分布的结构图片

我们把这九张图片排成3列3行，用数字1到9进行了编号。

最先被多数人识别出来的一类是1、3、6三张图片。

其次是2、4两张图片。

然后是 5、9 两张图片。

最让人难以归类的是 7 和 8 两张图片。

我们给出的建议答案如图 2 所示。您和我们的分类一样吗？

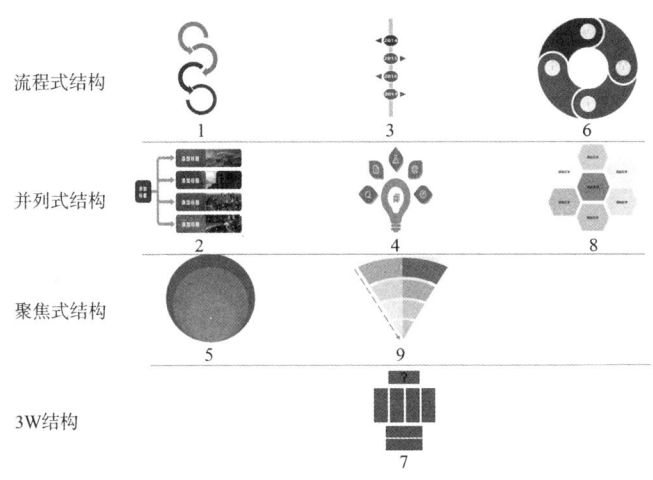

图 2　归类整理图

释疑解惑，示证新知

九张图片代表了四类逻辑关系结构。

第一类，流程式结构。流程式结构是指按照事情操作的步骤或发生时间的先后顺序来安排课程内容。如"开展家访"包括家访前的准备、家访中的交流、家访后的整理与分析三个阶段。这一内容就是按家访的先后顺序进行组织的。流程式结构多用于操作性比较强的内容。

第二类，并列式结构。并列式结构是指按照某种维度把一项内容分成几个模块。这些模块之间没有先后和包含关系，可以打乱顺序、随意组合。如"班主任的班务组织与管理"包括班规制定、班干部选拔、开展班会、开展家访。这些内容之间没有先后关系，可以从任何一项内容开始。

第三类，聚焦式结构。聚焦式结构是指按照由大到小逐步聚焦的逻辑来组织内容。如先讲国际政策，再讲国家政策，依次到区域政策、机构政策等。

第四类，3W 结构，即"Why—What—How"结构。3W 结构按照"为什么—是什么—怎么办"这一问题解决逻辑来组织内容。在实际的课程结构搭建中，3W 结构会有一些变化,如把 Why(为什么)的内容变成"问题与原因""现状分析""背景与意义",把 What(是什么)的内容变成"概念或定义""要素与分类""原则",把 How(怎么办)的内容呈现为方法、步骤、流程、技巧。总之,以贴合工作实际为准。

通常,我们在搭建课程内容框架时,会综合运用多种逻辑结构。以"班主任的班务组织与管理"为例,这里面就藏着多种逻辑结构,见图3。

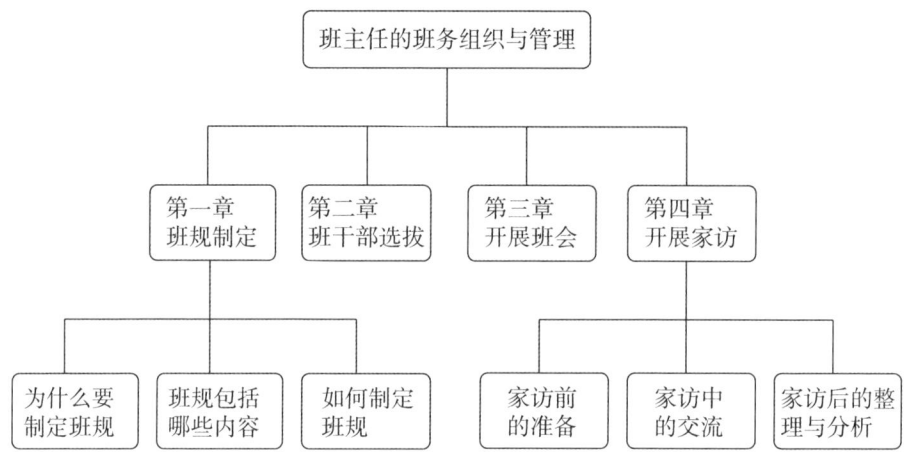

图3 "班主任的班务组织与管理"逻辑结构图

主题下的各章之间是并列关系。

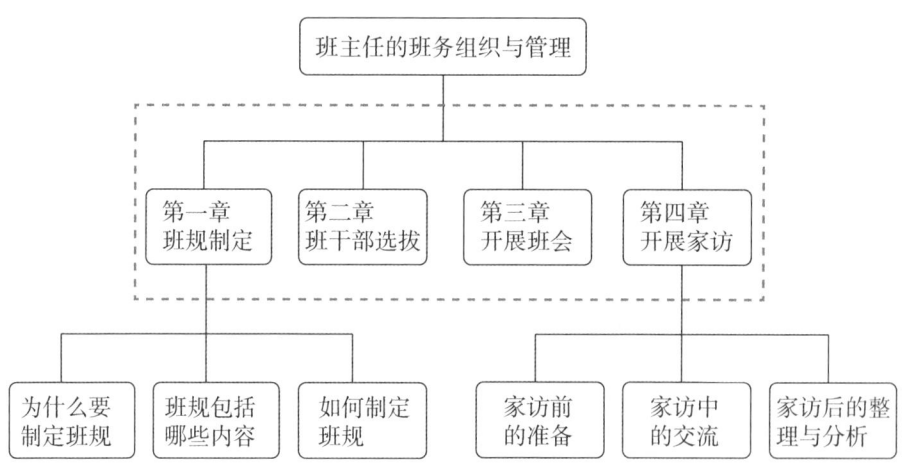

图4 并列式结构

第一章"班规制定"下的各小节按照 3W 结构来组织。

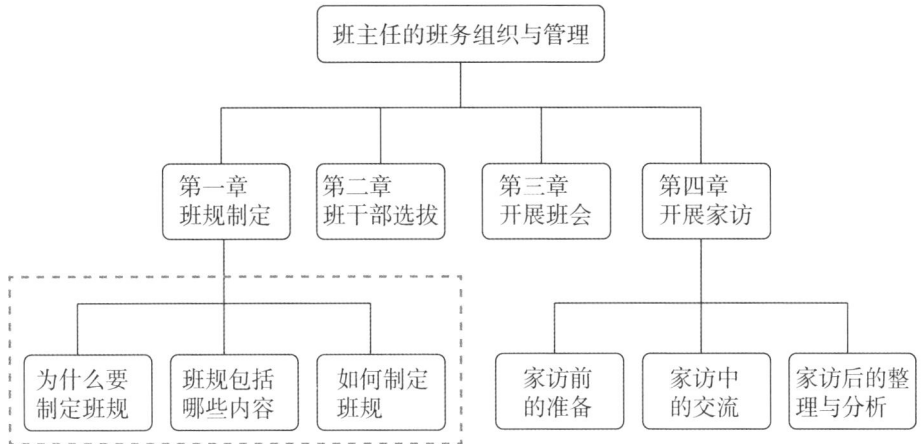

图 5　3W 结构

第四章"开展家访"下的各小节采用流程式结构来组织。

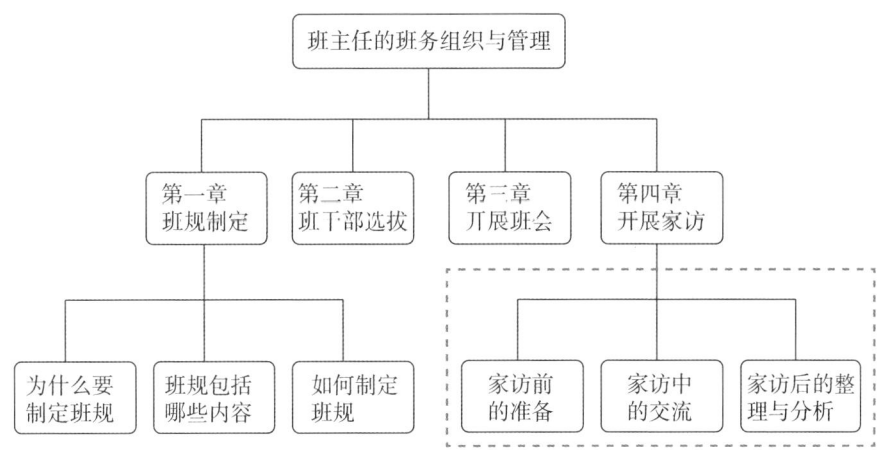

图 6　流程式结构

课程主题、章、小节之间形成了一个有层次的金字塔。这样的课程结构是不是既有条理又清晰？

请用这四种典型的课程内容结构搭建课程框架，并扫描二维码分享给我们。

问卷 | 敢挑战下面的图形分类吗？课程结构就在其中

学思用结合，内化转化

学习感悟 1

  多种结构根据课程需要灵活组合，这点对我很有启发。分享幼儿园阅读课程的建构时，我采用的就是 3W 结构。Why，早期阅读课程研发的背景分析；What，我国早期阅读课程的理念、目标以及课程结构与内容；How，我们如何实施早期阅读课程和做好课程保障工作。每一小块内容里都会涉及各种流程图的应用。

——上海市浦东新区锦绣幼儿园　汪培老师

学习感悟 2

  我倾向于使用 3W 结构，如应用到"儿童编程语言教学策略"这一课程，Why 指为什么要开展儿童编程语言教学，What 指儿童编程语言的主要内容，How 指开展儿童编程语言教学的主要策略。

——上海市宝山区宝虹小学　金云琼老师

学习感悟 3

  课程结构设计直接影响课程实施。本讲内容通过形象的九张图片引出，让学习者进行自主分类，一开始就很吸引学习者。培训者将正确的分类结果告诉学习者，把课程结构分成流程式结构、并列式结构、聚焦式结构、3W 结构，并用实例来佐证，让学习者一下子就懂了，对学习者以后的课程设计实践很有帮助。

——上海市奉贤区青青草幼儿园　朱玲英老师

27 | PTCP：一种简单有效的内容组织模式

 适用对象及情境

1. 想把课程内容组织得条理分明、逻辑清晰的人员。
2. 对以下问题抱有好奇心的人员：
有没有一种让教师更容易上手的简单有效的内容组织模式？

 共情互动，聚焦问题

您是否习惯了从背景、价值、定义到操作这样的培训内容顺序？的确，这是一种常用的内容组织方式，但这种内容组织方式常常让听者昏昏欲睡，而且学完之后"一动不动"，很难真正转化为实践行为。有没有一种内容组织模式既能激发教师的学习兴趣，又容易转化为实践行为呢？有！PTCP 内容组织模式就能做到！

 释疑解惑，示证新知

PTCP 是四个英文单词首字母的缩写。第一个 P 是 Problem，指问题聚焦，通过事例、故事、游戏等将学员带入一定的问题情境，引出话题。这一步的关键是让学员有"带入感"，对问题产生强烈的共鸣。T 是 Theory，指理论学习，通过剖析问题产生的原因，为学员提供解决问题的原理、方法和技巧等。C 是 Case，指案例分析，学员在培训者的指导下，用学到的原理、方法和技巧等去分析一个具体案例，目的是在进一步应用中达到对知识和技能的深度理解。第二个 P 是 Practice，指实践应用，学员独立应用所学原理、方法和技巧等解决自己实践中的问题，促进对新知识的进一步转化，在转化与外化中进一步生成新的知识。

下面结合一个具体的例子进行分析。一位资深的班主任在给新教师上一节"如何选举班干部"的课时，是这样使用 PTCP 内容组织模式的，见图 1。

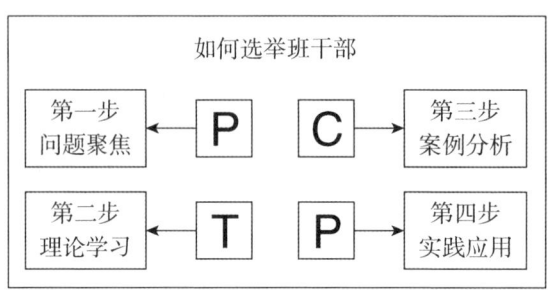

图 1　PTCP 内容组织模式应用实例

第一步是问题聚焦（P），通过一段小视频呈现学生之间拉票的现象，或者用一些调研数据讲讲教师在选举班干部时普遍遇到的问题。视频或讲述的内容一定要引起学习者的共鸣。

第二步是理论学习（T），给学员讲解班干部选举的规范流程、一般方法，或者请学员自学相关书籍、文章等。

第三步是案例分析（C），播放某位教师在班级选举班干部的视频，让学员思考视频中存在的问题，讨论与形成改进的方法。

第四步是实践应用（P），要求学员独立设计一次班干部选举活动。

通过以上四个步骤，这位资深的班主任做到了四点：(1)引起共鸣，激发学员兴趣；(2)阐明解决问题的依据或对策；(3)加强理论与实践的联系；(4)使学员把外在知识进一步内化为个人知识。

问卷｜PTCP：一种简单有效的内容组织模式

按照这样的步骤操作，课程内容组织更符合教师的认知特点。现在就试着用 PTCP 内容组织模式设计一节教师培训课吧！如果您有其他好的课程内容组织模式，请扫描二维码分享给我们。

学思用结合，内化转化

学习感悟 1

针对"如何开展儿童编程语言教学"中"一年级学生编程语言学习的策略利用"这一内容，我尝试使用 PTCP 内容组织模式开展设计。问题聚焦（P）：一年级学生不会使用电脑，该如何开展编程语言的学习呢？理论学习（T）：认识和了解不插电编程。案例分析（C）：把编程语言中的重复命令设计成相应的肢体游戏,引导学生在玩游戏的过程中认识这一语言的逻辑概念。实践应用(P):整理和分析编程语言中的常用命令,将这些常用命令设计成相应的肢体游戏,在游戏中渗透相应的编程思维。

——上海市宝山区宝虹小学　金云琼老师

学习感悟 2

经过本讲的学习,我想就如何尽快上手使用直播教学软件设计一门教师培训课程。课程名称:教师如何使用直播教学软件在线教学。问题聚焦(P):如何快速掌握直播教学软件相关功能,如连麦、提问、线上批改作业、线上考试? 教师在使用过程中常见的问题和困难有哪些? 理论学习(T):直播教学软件使用手册,文字＋图片模式,或者是结合个人经验,制作一张流程图。案例分析(C):录制一节公开课,示范直播教学软件操作流程。实践应用(P):每位教师开设一堂直播教学公开课。

——上海市普陀区教育学院附属学校　乔俊老师

学习感悟 3

这讲内容告诉我们,培训要接地气,以情境问题导入、以理论学习支撑、以案例分析支持、以实践应用检验,从表象说到本质,从实践说到理论,从个案说到规律。培训者要把学习置于有挑战意义的问题场景中,让每位教师以学习主体的身份参与培训活动,通过合作互动,导向实际问题的解决。在此学习过程中,教师领悟了问题解决背后所隐含的相关专业知识,锻炼了自主学习的能力,并由此形成了解决问题的智慧和技能。

——上海市青浦区教师进修学院　卓月琴老师

28 | 课程素材有哪些

 适用对象及情境

1. 想要通过多样化课程素材提升课程内容质量与趣味性的人员。
2. 对以下问题抱有好奇心的人员：
学习者一般对哪些课程素材比较感兴趣？

 开门见山，聚焦问题

好的课程素材不仅可以激发学员的兴趣、增强观点的说服力，还能体现培训者深厚的功底。正如前面所提到的，教师的课堂教学视频、教学案例等都是很好的课程素材，但仅仅有这些还不够，生动的课程内容需要丰富的课程素材来支撑。课程开发者常常会困惑，到底什么材料可以作为课程素材？怎样找到这些课程素材呢？

 释疑解惑，示证新知

在教师培训课程中，以下几种常用素材的使用效果比较好。

图1　图片示例

第一种是图片,可以是真实的照片,如现场教学照片、班级环境布置照片,也可以是绘制的图片。图片一方面可以增加现场感和真实感;另一方面可以帮助学习者理解抽象的概念。如每当给学习者介绍建构主义的学习观时,杨老师都会展示这张"鱼牛"的图片(见图1),通过图片中的故事引导学员去讨论"这种'鱼牛'的形象是怎么形成的""为什么会这样""为了避免这样的错误,青蛙可以做什么,小鱼可以做什么"等问题,以此加深学员的理解。

第二种是视频,可以是课堂教学视频,也可以是公益广告、新闻等视频短片。如杨老师在给新手班主任准备"如何正确接待和应对不同特点的家长"这一课程时,想到了某电视剧中关于家长会的片段。片段中有新手班主任、40多年教龄的姥爷、成功企业家爸爸等,他们在家长会中的冲突是很好的分析材料,于是杨老师就从网络上找到这段视频,用在班主任培训课程中。一般来说,用在课程中的视频不宜过长,1至3分钟为宜,而且视频内容需要和课程内容紧密关联,无关的视频不需要为了放而放。

第三种是小故事。隐喻和小故事往往蕴含着大道理,通俗易懂,是很好的培训素材。如对于教师和学生的关系,有人比喻为"茶壶和茶杯",也有人比喻为"导游和游客""线和风筝""火种和火炬"等,不同隐喻体现着不同的教师观、学生观和教学观。这样的几个隐喻能够非常形象地点明教师的角色和教学的观念,比纯理论性的解读更吸引人。

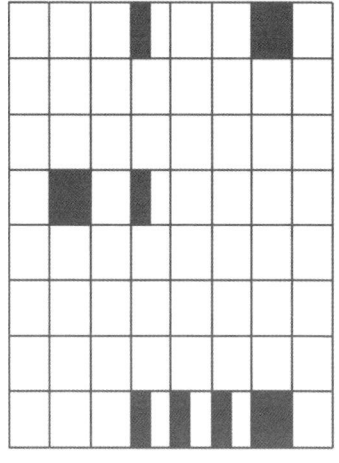

图2 游戏示例

第四种是游戏。游戏可以放松学习者的身心,让培训在趣味中进行,而学习者也可以通过各种游戏来增进对知识的理解。如图2中隐藏着一个英文单词,您能看出来吗?(答案在本讲末)

课程开发者可以用这个游戏引导学员体会转换视角的重要性。从一个视角看,这些涂色的格子是零散的;换一个视角看,它就和周围产生了关联,形成了一个结构。游戏教学既有趣轻松,又具有启发性。

第五种是案例及相关文本。教师日常写的教学案例、课例、教案、教学反思日志、论文等都是很宝贵的课程内容素材。教师最欢迎贴近其工作实践的各种实践过程和样例,课程开发者可以多提供一些供教师模仿。如在"如何撰写教学案例"中,可以把优秀的案例作为样本;在"如何撰写教学研究论文"中,可以把期刊上的论文作为样例。

以上是教师培训课程中常用的素材,这些素材为课程内容服务,与课程内容融为一体,能有效论证观点,让内容生动化,提高课程质量。课程素材还有多种形式,如实物、数据、名言警句、音乐、热点话题。做个有心人,您会发现生活和工作中存在很多有价值的课程素材。请扫描二维码把您觉得好用的素材分享给我们。

学思用结合,内化转化

学习感悟1

通过本讲的学习,我了解到课程素材的重要性。在信息科技如此发达的当今社会,课程素材可以是多种多样的类型,而不同形式呈现的效果也不相同。我们可以从学习者已有经验出发,使用图片、视频、小故事、游戏、案例及相关文本等素材吸引学习者,提高其学习成效。

同时,我们要做个有心人,时刻留意生活中的点点滴滴,及时发现生活中有价值的素材,丰富自己的课程,让课程内容更吸引人,使课程效果更理想。

——上海市嘉定区曹王小学　李欣老师

学习感悟2

在梳理课程内容时,我一直在思考如何让课程内容更吸引人。学习了这一讲的内容后，我茅塞顿开，原来，在课程内容的基础上，可以提供多种素材，如图片、视频、小故事、游戏。素材的直观性、实践性、操作性强，可以帮助学习者更好地理解课程内容，并进行丰富和拓展。丰富的素材可以让课程内容更具可看性，也更能发挥举一反三的作用。如说到班级环境创设，可以通过图片让学习者直观感受；说到家园互动，可利用案例及相关文本进行实例分析；说到幼儿行为解读，可提供视频进行分析。理论与实践相结合，会让学习效果更佳。

——上海市嘉定区新翔幼儿园　陈蕾老师

学习感悟3

  课程素材在增强观点的说服力上，有其强大的优势。文中列举了图片、视频、小故事、游戏、案例及相关文本等课程素材，若对其进行分类的话，可以分为视觉类素材、文本类素材、活动类素材等。课程素材在运用的时候也可以结合课程内容，灵活运用、交替出现，因为单一的课程素材，在运用和说明过程中会让听课者出现视觉疲劳等情况。另外，运用的素材与观点的契合度要高，这是科学、合理地运用素材来论证观点的价值所在。

——上海大学附属南翔高级中学　夏海丽老师

学习感悟4

  课程内容素材是课堂的重要组成部分，也是吸引学习者学习、增加知识趣味性的关键要素。如在"认识艺术大师"这一课程中，我们通过图片欣赏，可以让学习者最直接、最真切地感受到艺术家精湛的技艺；而艺术家生平的小故事又能帮助学习者理解艺术家是如何创作的。在美术创作类的教学中，教师往往需要依托很多范例、小视频来激发学生的创意。由于学科的特殊性，美术课特别注重甚至依赖课程素材。可以说，一节课的好坏很大一部分取决于课程素材是否使用得当。

——上海市曹杨二中附属江桥实验中学　陈婉老师

  图2游戏答案：图片中隐藏的英文单词是**HELLO**，我们将纸片按照常规的阅读习惯竖立在眼前看时，很难看出来，但换一个视角，把纸片稍作倾斜，接近平放时，就比较容易看出来了。您看出来了吗？

29 | 想拥有好的课程素材,您平时需要这样做

 适用对象及情境

1. 想要通过多样化课程素材提升课程内容质量与趣味性的人员。
2. 对以下问题抱有好奇心的人员:
学习者一般对哪些课程素材比较感兴趣?

 共情互动,聚焦问题

我们都知道丰富且适宜的课程素材能为课程内容增添色彩,有时也会惊叹于一门好的培训课程中鲜活的课程素材,如直观的视频或图片、生动的案例或故事、巧妙的比喻、有趣的游戏、相关的热点话题。而我们的课程有时却因为缺少课程素材而显得干巴巴的,枯燥无味。怎样才能找到恰当的课程素材呢?其实,好的课程素材就在我们身边,只要您平时做个有心人就可以了。

 释疑解惑,示证新知

王老师是一位优秀的中学教师,三年前开始到师训岗位开展教师培训工作,目前已开发出两门高质量的教师培训课程,他的课程素材特别丰富。他平时的做法值得我们借鉴。

1. 主动撰写教学案例和反思日志。王老师特别注重对自己教学实践的记录和总结。他把自己教学实践中发生的有趣现象、失败或成功的教学设计都以教学案例的形式记录下来,把让自己印象深刻或困惑的实践现象都在反思日志中记录下来。这样,在课程设计中,他就有很多鲜活的例子可以列举。

2. 网络上搜索优质资源。王老师常常在网络上搜索相关研究者分享的文章和幻灯片,如教班主任怎样处理学生突发事件的文章。这些文章和幻灯片都是提炼后的经验,是比较精华的资料,可以直接学习借鉴。对于高质量素材比较

多的网站和公众号,王老师都进行了收藏和关注。

3. 研读精品学术论文。王老师经常翻阅单位订购的杂志,如《中小学教师培训》《教师教育研究》《上海教育科研》。期刊中的专题学术论文介绍了研究者总结、提炼和创新的成果,因此论文中的很多数据、案例、表述等都可以直接进行引用,科学性和品质都比较高。

4. 主动收集同伴资源。王老师在平时参加培训的过程中,会把听到或看到的好的案例、图片、视频等记录下来,以备不时之需。作为区域名师工作坊的成员,他常常在团队中征集好的课程资源。团队的教师会提供很多好的案例,特别是年轻的教师会提供自己看到的有趣的动画、视频等。

5. 生活中注意积累。生活中也有很多素材可以用在培训课程中,如王老师在生活中看到父母和孩子之间沟通的例子,就把它记录下来,作为家庭教育指导课程的素材;在电视剧中看到新手班主任开家长会的片段,就把它下载下来,作为自己的培训课程资源。这些都是很生动的课程素材。

6. 素材收集后及时整理。王老师在自己的电脑上建了一个专门的文件夹,把平时搜集的这些素材按照主题、类型进行命名、分类、整理,形成课程素材档案库,并及时对档案库进行更新迭代,方便自己每次课程开发时进行筛选。

有了丰富的课程素材后,课程开发者就不会陷入"巧妇难为无米之炊"的困境,但也要注意,课程素材是为课程目标服务的,只有与课程内容密切相关才能使用,要避免为了使用素材而使用素材。素材的合理使用不仅能增强课堂的生动性和观点的说服力,还能体现培训者的深厚功底。行动起来吧!请扫描二维码把您平时积累课程素材的好方法分享给我们。

问卷 | 想拥有好的课程素材,您平时需要这样做

 学思用结合,内化转化

学习感悟1

一门好的培训课程必定会有丰富的课程素材,有了多样的素材才能使课程内容生动有趣,从而调动学习者的学习兴趣。本讲中王老师的做法非常值得借鉴,他在自己实际撰写案例的同时也利用网络收集他人优秀的方法、资源等,注

重积累，及时对收集的素材进行整理与筛选。

我们要留心生活，积累素材，随时把脑海中闪现的想法记下来，抽出时间用心认识世界。日积月累，我们对世界的感觉会越来越敏锐，素材也就源源不断了。

——上海市嘉定区曹王小学　李欣老师

学习感悟 2

好的课程素材从哪里来？这要求我们平时用心积累和不断整理。本讲中王老师的案例，生动形象地为我们介绍了具体的方法，非常有指导意义。这对我们有四点启发：(1)勤于思考，勤动笔：对日常教育教学现象进行反思和记录；(2)善于学习，搜资料：广泛搜集网络资源、专业杂志、同伴资源等；(3)留心生活，找共鸣：课程素材以喜闻乐见的生活片段形式呈现更能引起学习者的共鸣；(4)整理素材，善分类：分门别类地整理和更新，让我们能够得心应手地运用课程素材。

——上海市嘉定区金鹤小学　刘翠老师

学习感悟 3

"好的课程素材就在我们身边，只要您平时做个有心人就可以了。"这句话让我感触颇深。作为教师培训课程开发者，我时常感觉自己有好的主题和立意，就是缺乏好的课程素材。为了确保培训资源贴近教学、适合教师，有利于激发教师兴趣、促进教师参与，我要做个有心人。我既要关注现成的素材，如网络资料、学术论文、生活实例，又要关注生成性的素材，如自己的案例及反思、同伴资源。有了这些素材，还要对其进行有效的整合和加工，才能发挥事半功倍的作用。

——上海市嘉定区南翔中学　沈人亮

学习感悟 4

没有素材，教师培训就是无源之水。案例中的王老师是一位有心人，我们也要像他一样，重视课程素材的积累和整理。语文学科有句名言："语文学习的外延与生活的外延相等。"同理，"培训的外延也与生活的外延相等"，社会生活中处处都能找到培训资源，人们的所见、所闻、所思都是信息。因此，凡是来自实际生活、能够为学习者提供经历和经验的事物都是培训资源。培训者要收集多种类型的素材，及时进行整理归类，编码、储存、管理，创立素材库，做到随时备用，为培训的有效实施打下坚实基础。

——上海市浦东教育发展研究院　姚瑜洁老师

第四步　设计教学活动

❋ **本章学习目标**

1. 知道四类培训方法、六类工作坊的构成
2. 掌握六种典型的引导方法与技术
3. 理解五步教学法

✳ **本章学习路线**

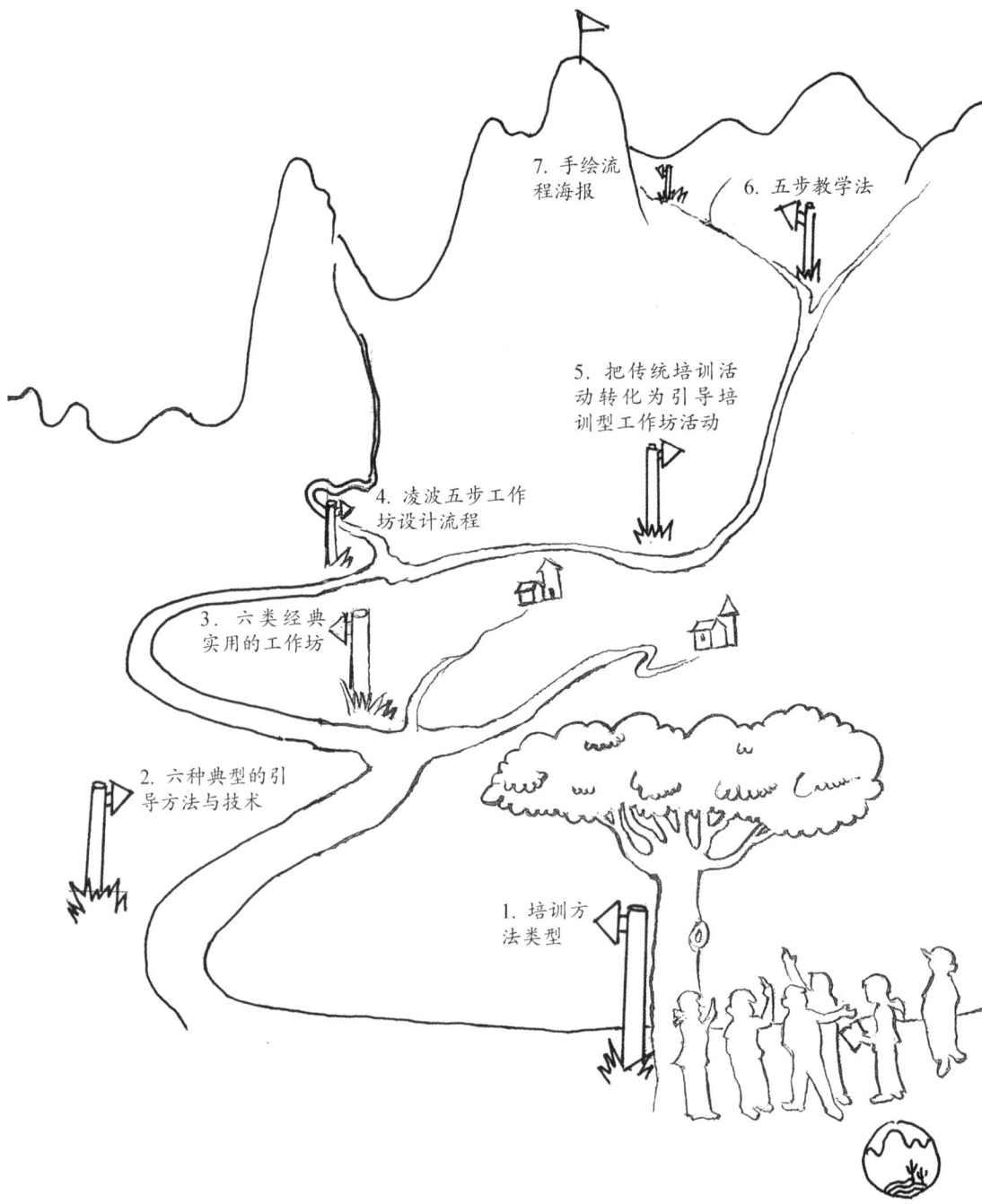

(绘图 范瑞华)

30 | 除了讲授,还可以运用哪些培训方法

 适用对象及情境

1. 想要通过多样化、适切的培训方法提高培训活动吸引力与实效性的人员。

2. 对以下问题抱有好奇心的人员:

教师培训活动除了讲授、观摩、研讨,还有哪些有效的方法?

 情境回顾,聚焦问题

您可以回想一下,在您参与过的培训活动中,当培训者持续讲解一个概念或观点时,您保持聚精会神状态的时间大约是多久?

有统计数据表明,一个成人坐在座位上保持聚精会神状态的时间大约是 8 分钟。而实际上一次培训少则持续 1 小时,多则持续 1 天,如何才能让成人在这么长的时间内持续专注地学习呢?这就需要培训者经常变换、创新教学方式,让成人不断受到刺激和挑战,引导成人思考与参与。

您可能会想,这不是与儿童一样吗?对的,在对趣味性与吸引力的要求上,成人与儿童没有本质的区别。

 释疑解惑,示证新知

在教师培训过程中,有许多常见的教学方法。美国著名人力咨询培训大师鲍勃·派克总结了 30 多种高效的培训方法[1],我们将其分为四大类。

---

[1] [美]鲍勃·派克.重构学习体验——以学员为中心的创新性培训技术[M].孙波,庞涛,胡智丰,译.南京:江苏人民出版社,2015.

一是直接讲授类。直接讲授类包括开办讲座、讲故事、使用比喻或类比、引用新闻、引用典型例子、分析问题等方法。

二是互动讨论类。互动讨论类包括问答、测试、头脑风暴、辩论、座谈、研讨、案例分析、使用六项思考帽（又称六项思维帽）、世界咖啡汇谈等方法。

三是实践体验类。实践体验类包括角色扮演、小品短剧创作、互动游戏、模拟实验、实地考察等方法。

四是可视化呈现类。可视化呈现类包括展示图片、图表、视频、路线图、思维导图、备忘录、实物等方法。

以上方法都可以使用在教师培训课程中，既可以单独使用，也可以结合使用，尤其是面授课程，可以采用灵活多样的培训方式，使培训效果最佳。如可以用游戏的方式划分小组；用引用新闻的方式引出讨论话题；用头脑风暴法进行小组讨论，并要求每个小组用思维导图的方式呈现讨论结果；用辩论的方式让小组成员交流观点，并要求小组成员用角色扮演的方式汇报展示。

相较面授课程，在线课程的教学活动设计有一定局限性，因为许多面对面的互动活动无法设计，但我们依然可以运用多种方法，让课程尽量变得有趣。如在知识传递中可以站在学习者的视角提出问题，采用讲故事、举例子等多种方法实现主观上的双向互动交流；通过调查、测验、互动研讨、协作文档、网络虚拟社区等进行网络时时互动，实时记录、跟踪学习者的学习情况，并及时给予反馈。

问卷 | 除了讲授，还可以运用哪些培训方法

除了以上这些，您还运用过哪些方法？请扫描二维码把您的经验或体会分享给我们。

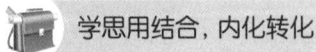

学思用结合，内化转化

学习感悟 1

以我的一门网络培训课程"数字动漫绘画创作"第二章第一节第三部分使用的方法为例进行说明，见表 1。

表 1　培训方法示例

第二章 创作与教学	第一节 艺术创作	3.尝试数字动漫创作	运用数字动漫绘图软件进行作品创作并分享	案例呈现:观看一个数字动漫优秀作品,了解基本创作流程	观看视频	8分钟
				交流互动:交流具体创作过程中的困惑	讨论发帖并回复	—
				理论讲解:数字动漫作品主题创作方法与实践	观看视频	9分钟
				案例分析:创作方法与实践中的困惑	讨论发帖并回复	—
				情境再现:思考怎样创作数字动漫作品	观看视频	3分钟
				学习反思:创作一个数字动漫作品	提交作业	—

在示例中,除了讲,我还运用了可视化呈现类、实践体验类、互动讨论类相关方法。

——上海市奉贤区光明学校　仲敏老师

学习感悟 2

四类培训方法梳理得很到位,有些是我们参与培训活动时经常接触的,有些是我们不太熟悉的。希望课程开发者对其中一些不常用的方法,结合案例进行更深入的指导,如世界咖啡汇谈、六顶思考帽。

——上海市东华大学附属实验学校　王萍老师

学习感悟 3

国外的许多培训都是以工作坊研讨、项目化学习、案例剖析等形式开展的,有时也会开展研究性学习,即先有大量的阅读,然后在课堂上讨论补充,课后写专题等。

——上海市师资培训中心　许伶萍老师

31 | 亲和图:助您快速收集想法并达成共识

 适用对象及情境

1. 想要快速了解、整理参与者的想法,并引导大家达成共识的人员。
2. 对以下问题抱有好奇心的人员:
如何快速了解参与者的想法,并进行归类,达成共识?

 情境回顾,聚焦问题

您有没有这样的经历:作为组织者或参与者,您需要提出对某个问题的看法、意见或建议,然后对这些观点进行整理与合并,快速达成共识? 如果有,您当时采用了哪些工具与方法? 亲和图就是一种简单、高效地收集大家的想法并达成共识的方法。

 释疑解惑,示证新知

亲和图是把收集到的大量的有关某一特定主题的意见、观点、想法和问题,按它们的亲近程度进行归类、汇总的一种图,常用于归纳、整理头脑风暴过程中产生的各种语言资料信息,从而形成解决问题的思路。亲和图其实就是一种非常简单的统计工具。

那么,如何将亲和图使用得更好、更恰当、更有效? 简单来讲,使用亲和图时有三个主导思想:(1)确定要解决的问题;(2)收集信息要全面、客观,尽可能用通俗语言(非专业术语)表述;(3)归纳、整理时要把有关联的、可亲和的(感情思维)放在一起,不要过多考虑逻辑关系。①

通常,亲和图的使用方法是将零乱不整的想法、信息或资料分别写在一张张

---

① 周天祥,陈秀云.通俗易懂的 QCC——亲和图法[J].中国质量,2003(4).

卡片上,按照一定的次序分成大、中、小群,然后用图形呈现,最后根据图形开展讨论,达成共识。具体来说,一般有这样几个步骤:(1)把主题显示在醒目的位置,以便大家都看得到;(2)让所有人在规定的时间内,针对一个问题,在每张便笺条上写一个想法,一般每人写5至8个想法为宜;(3)把所有想法张贴出来,让大家都看得到;(4)将意思差不多的想法收集在一起,排成列,给每类想法命名,张贴出来;(5)寻找关系,串联想法,分析不同想法之间的关系,发现新的意义从而产生更多想法。下面举一个应用亲和图的例子。

程老师是一所初中的德育室主任,她经常听到班主任抱怨说,现在的学生主动学习意识不强。于是,程老师就策划了一场面向全校班主任的研讨活动,希望了解班主任关于学生被动学习的想法。以下选取的是在原因研讨部分采用亲和图的做法。

第一步,呈现主题。程老师在幻灯片上清晰呈现研讨主题"我校学生被动学习的原因与对策",并说明了活动的意图。

第二步,头脑风暴。程老师在幻灯片上呈现第一个研讨议题"我校学生被动学习的原因",要求每位教师根据平时的观察先独立思考3分钟,再在6张便笺条上分别列出自己的想法。写好的教师,把便笺条贴在黑板上。

第三步,收集相同的观点。程老师引导参与者把相同的想法排在一起,最后排成了4列。

第四步,拟定名称。程老师引导大家给每类观点拟定名称。四类观点的名称分别为学习目标不明确、缺乏成功的体验、缺少学习方法指导、家庭教育不到位。

第五步,寻找关系,发现新的意义。程老师引导大家思考这些原因之间是什么关系,可以提出哪些对策。大家经过研讨一致认为,学习目标不明确是被动学习最为根本的原因。针对"学习目标不明确应采取哪些对策"这一问题,大家进行了新一轮的亲和图讨论。

亲和图使用起来简单、方便,有不少教师在原因分析或寻求建议时都能把亲和图应用得得心应手。这样,既能找到准确的原因,又能汇聚智慧,形成有效的对策,非常高效。

问卷 | 亲和图:助您快速收集想法并达成共识

我们相信您肯定能做得更好!请扫描二维码把您的体悟或应用案例分享给我们。

学思用结合，内化转化

学习感悟 1

我承担见习教师规培带教工作已有很多年，每一届新教师对体育学科如何开展模拟上课都有一些困惑。我想对新教师的模拟上课进行一些系统性的指导。在不知不觉中，我就用了亲和图的方法。一是呈现困惑。我在区级新教师群里公布了我的想法，得到教师的热烈响应。二是头脑风暴。大家结合自身的实际情况提出希望解决的问题。三是归纳整理。我对这些问题进行归类，然后反馈给教师，确定了问题。四是拟定主题。以问题为主题进行讲解，确立了5个主题：模拟上课和真实上课的区别、如何开展教材分析、确立教学目标和重难点、场地器材的布置、教师的课堂语言设计。五是录制短课，在每一次的培训中，采用案例法、萃取法进行辅导，形成培训短课程，受到教师的欢迎，有的教师通过培训获得学校比赛的一等奖。

——上海市东华大学附属实验学校　王萍老师

学习感悟 2

学习本讲内容后，我尝试在教师培训中运用亲和图，效果非常好。我们在大大小小的各类培训班中，都会设计讨论环节，这个环节是学员深入理解知识、巩固内化的重要一步。但我们过往的实践证明，大多数的集体研讨是无效的。把亲和图作为一种引导学员深度对话、生成问题解决方案的交流工具，应用在这一环节，具有较大的意义。亲和图这种培训方法，实践性非常强，在具体操作环节，学员只要按照规定的流程，一步一步做下去，就会有意想不到的效果。亲和图现在已经成为我在培训活动中经常使用的方法了，也希望学员能把这种方法带回到自己的课堂，运用于学生的课堂研讨。

——上海市师资培训中心　张诗雅老师

学习感悟 3

亲和图是一种快速收集想法并达成共识的方法。这里的方法描述简洁明了，步骤清晰，指导明确；配合案例，使我清楚了解了亲和图的使用方法和作用，也产生了尝试的冲动。平时的大小座谈会上，经常是大家挨个发言，有时还会出现冷场，效率比较低，如果改用亲和图的方法，应该会使一些需要创意的新项目开展效率更高，效果更好。希望通过实践，亲和图能成为我工作的好帮手！

——上海市浦东教育发展研究院　周玉枝老师

32 | ORID 焦点讨论法：让团队讨论更加高效

 适用对象及情境

1. 团队研讨活动的组织者、引导者。
2. 对以下问题抱有好奇心的人员：
研讨活动的组织有什么可依据的方法吗？

 情境回顾，聚焦问题

您有没有参加过这样一些所谓的团体研讨活动：会议没有聚焦的主题，犹如无轨电车，跑到哪里算哪里；会议虽有主题，但要么太多太散，要么跑偏，一个个话题浅尝辄止……这类会议的结果就是浪费与会者的时间、引起与会者的不满，参与比没有参与还要痛苦。假如您是组织者，您如何组织与引导一个研讨会，通过有结构的提问，让研讨走向真正的对话与深刻的反思呢？ORID 焦点讨论法就是一个广泛适用的反思研讨法，让您把对的问题以对的顺序问出来。

 释疑解惑，示证新知

O 是英文单词 Objective（客观性）的首字母，指的是客观性问题。客观性问题代表事实和外在情境，探讨真实发生的，不仅是您，而且他人也同样可以观察到、了解到、接触到的客观性存在。客观性问题包括：刚刚发生了什么？你看到或听到了什么？你印象最深刻的是什么？你觉得最有趣的是什么？如在常老师提交的"教师深度学习文献综述"中，她写了些什么？它主要涉及"是什么"等事实性问题。

R 是英文单词 Reflective（反映性）的首字母，指的是反映性问题。反映性问题探讨感受、情绪和直觉，引导组员自由表达与客观性事实相关联的内在感受。反映性问题包括：这件事情让你有什么感受？什么让你感到惊讶？什么让你感到高兴？什么让你感到悲伤？什么让你感到困惑？如在阅读常老师提交的"教师深度学习文献综述"过程中，你的感受是什么？什么地方看明白了，什么地方存有疑惑？你有什么问题要问？它主要涉及个人对于事物的感受、情绪等。

I 是英文单词 Interpretive（诠释性）的首字母，指的是诠释性问题。诠释性问题是关于多层次的观点、意义、目的、重要性的问题。呈现多元观点，而每个观点背后都有对事物特定的信念及假设。诠释性问题包括：这个事实让你有了哪些思考？你的观点是什么？这对我们来说有什么意义或启示？我们从中学到了什么？如从常老师提交的"教师深度学习文献综述"中，你能看出常老师对教师深度学习的理解吗？常老师搜集到的这些文献是从哪里来的？这些文献的价值到底在哪里？你对教师深度学习的理解是什么？它主要涉及价值、意义、重要性等问题。

D 是英文单词 Decisional（决议性）的首字母，指的是决议性问题。决议性问题讨论未来的影响、后续的行动，包括具体实践、行动计划、抉择等，意味着朝向未来的转变和成长的行动。决议性问题包括：你知道有哪些选择和可能性？接下来我们可以做些什么？有什么是你可以停止/开始/继续做的？如就常老师这次提交的"教师深度学习文献综述"，里面的哪些理论或观点可以用来解释我们的理论与实践？哪些理论需要继续澄清？我们做文献综述应该注意些什么？它主要涉及决定、行动等问题。

由此可见，ORID 焦点讨论法是一种有结构的四层提问方式，按照客观性问题、反映性问题、诠释性问题、决议性问题的逻辑架构，从客观事实（客体）出发，在觉察自己（主体）的感受后，内化、链接自己的经验并进行反思，最后以行动结束。[①]

我们举一个应用 ORID 焦点讨论法的例子。

易老师是某区教师教育机构课题管理部的负责人，2019 年易老师所在单位有 15 位教师获得了区级教育科学研究课题立项。按照课题管理规定，这 15 个课题需要进行开题报告评审。易老师请了外审专家，对每个课题进行了评审。评审结果令易老师感到非常震惊，2/3 的课题，专家都建议重新开题。这种现象

---

① ［加］R.布莱恩·斯坦菲尔德.学问 ORID：100 种提问力创造 200 倍企业力[M].钟琮贸，译.北京：电子工业出版社，2020.

无论如何都要避免再次出现。但如何提高开题报告撰写的质量呢？易老师向院领导汇报后，院领导召集有关领导与科研管理部的教师一起开了个研讨会。

1. 院领导提出了客观性问题(O)。这次开题的情况是什么？专家的意见是什么？大家围绕这些问题展开了汇报、交流。

2. 院领导提出了反映性问题(R)。大家对这种情况有什么看法？大家开始畅谈自己的感受与想法。

3. 院领导提出了诠释性问题(I)。为什么会发生这种情况？开题的价值究竟是什么？做课题对个人与单位的价值到底是什么？

4. 院领导提出了决议性问题(D)。有什么方法能提高开题报告与课题的研究质量？经过讨论，大家达成了两点共识：(1)健全机制，严把课题开题评审质量关，先由单位学术委员会负责对每个课题进行内审，内审通过再送外审，如果外审不通过，学术委员会要承担责任；(2)引导教师理解开题的意义，加强对开题报告的撰写指导。

ORID焦点讨论法遵循"经验—反思—归纳—应用"的学习原理，具有适合任何主题、操作简便、易于学习等特点，对教师培训中的小组交流研讨有很好的借鉴作用。使用过的教师都反馈，ORID焦点讨论法既简单又实用，让每场研讨都有高效的对话与反思。欢迎扫描二维码把您的学习感悟或应用案例分享给我们。

问卷｜ORID焦点讨论法：让团队讨论更加高效

 学思用结合，内化转化

学习感悟1

作为青浦区"正德班主任工作室"主持人，我打算把最近工作室的工作梳理成课程。如何梳理？我们运用ORID焦点讨论法进行了讨论。

我们提出了工作室课程的主题，即"知德统一：依托群文阅读，提升学生社会情感能力的语文拓展课课程建设"。我们围绕"语文拓展课和学科育德"这一主题进行了客观性问题的思考和讨论，每个学员都交流了自己对这个主题的理解。

我们对"语文拓展课的语文性和德育课程的德育性如何平衡，该突出哪一方面"相关问题进行了热烈讨论,大家都表达了自己的感受和想法。针对这些诠释性问题,我们都认为,语文拓展课兼具语文的工具性和德育活动课的灵活性,是语文素养和活动育德的结合,这门课程的价值就在于语文、育德的双重收获。

最后,我们形成了具体的操作步骤:(1)按照每位教师语文教学的年级段分工,整理相关主题文章,形成"主题群文";(2)根据主题设计德育活动课并实践;(3)运用青浦课改"三实践两反思"的经验,形成若干篇课例,指导课程编写。

——上海市青浦区逸夫小学　于森老师

学习感悟2

关于"对话教育"的ORID焦点讨论法应用案例:

客观性问题(O):课堂中什么样的教学活动属于对话教育?

反映性问题(R):你对"对话教育"的初步感知是什么?你理解"对话教育"的概念吗?你有什么疑惑吗?"对话教育"与"非对话教育"有什么不同?

诠释性问题(I):现行的教育存在哪些问题?需要"对话教育"吗?"对话教育"的本质特点是什么?"对话教育"能解决现行教育中的哪些问题?

决议性问题(D):"对话教育"的操作性实施建议有哪些?如何在教学中实践某一类建议?

——上海市长宁区教育学院　汤杰英老师

学习感悟3

在校本研修活动中,我们借用ORID焦点讨论法开展听评课活动,它为听评课提供了一个思维框架,具体如下:

客观性问题(O):问客观体验。听课中令你印象深刻的内容或知识点有哪些?

反映性问题(R):问感受联想。你此次听课学习的感受如何?你喜欢或不喜欢其中的哪些内容?

诠释性问题(I):问价值意义。联系自己的教学实际,本节课给了你哪些启示?可以帮助你解决哪些问题?

决议性问题(D):问行动实践。你打算如何将其优点运用到自己的教育教学工作中?

——上海市徐汇区教育学院　何锐钰老师

33 | 六顶思考帽:让思考简单而高效

 适用对象及情境

1. 团队研讨活动的组织者、引导者。
2. 对以下问题抱有好奇心的人员:
有什么科学有效的研讨活动组织方法吗?

 共情互动,聚焦问题

您可能是第一次听说六顶思考帽(有时又称"六项思维帽"),也可能已经应用过六顶思考帽。您也许还有很多疑问:为什么是六项呢?一定要六项吗?为什么是帽子,其他东西不行吗?六顶思考帽适用于什么情境?使用起来有严格的顺序吗?下面就上述问题以及六顶思考帽的使用方法进行简要的分享。

 释疑解惑,示证新知

六顶思考帽是英国学者爱德华·德博诺(Edward de Bono)开发的一种思维训练模式,能够在讨论中调动参与者的各项思维能力,使其全面思考问题。他认为,"思维最主要的困难在于混淆不清,应避免将时间浪费在互相争执上",强调关注"能够成为什么"的延展性问题,而非"本身是什么"的终极原理问题,探求推动讨论向前发展的路,而不是争论谁对谁错。运用六顶思考帽,会使参与者混乱的思考变得更清晰,使小组中无意义的争论变成集思广益的创造,使每个参与者都变得富有创造性。

1. 六顶思考帽代表着六种常见的思考方向。帽子的六种颜色是重点,蓝色代表整个思考过程的组织与控制,白色代表客观事实,红色代表感性看法,黄色代表积极面与优势,黑色代表不足或困难,绿色代表创造力和新点子。

表 1　六种颜色帽子代表的六种思考方向①

帽子	颜色含义	思考方向
蓝色帽子	蓝色是天空的颜色	与"控制和整理思考过程,有条理地使用其他思考帽"有关,象征着思维中的控制与组织。如戴上蓝色思考帽,请大家列出思考计划,确定事件发生的顺序,发布即时指令等。
白色帽子	白色是客观中立的	与客观事实和数据有关,客观、全面地收集信息。如戴上白色思考帽,请大家以客观中立的方式摆出事实和数据,不讲观点。
红色帽子	红色可能表示生气、愤怒的情感	提供感性看法,从感情、直觉角度看问题。如戴上红色思考帽,你就有机会表达自己的情感、情绪和直觉,而不需要解释或论证其合理性。
黄色帽子	黄色是阳光积极的	代表着乐观,包括希望和积极的思考,寻找事物的优点及光明面。如戴上黄色思考帽,寻找某个提议中可能存在的任何优点。
黑色帽子	黑色是阴郁而严肃的	代表着谨慎小心,指向一个想法的不足,从事物的缺点、隐患角度看问题。如戴上黑色思考帽,指出某种事物不符合我们的资源、政策、战略、伦理、价值观等。
绿色帽子	绿色会让人想到草地、植物茂盛生长	代表着创造力和新点子,用创新思维思考问题。如戴上绿色思考帽,提出不同的创意,列出不同的选择与路线,修正、完善各种点子或创意。

之所以用颜色,是因为这样比较中立。比如,如果想请人提出反对意见,可以说"请戴上黑色思考帽思考",这样比较自然有趣,容易让人接受;如果说"请提出反对意见",可能会让发言者感到尴尬或产生不安全感。用帽子,则是因为帽子戴在头上让人印象比较深刻。当然,如果您不喜欢帽子,也可以换成六种颜色的任何其他东西。帽子不是重点,重要的是记住六种颜色帽子代表的六种思考方向。

2. 在具体使用六项思考帽时,没必要每次都用六项帽子,可以根据研讨目的与需要,只选用其中的几顶帽子。比如,为了解决教师日常育德行为中存在的问题,主持人先请大家戴上绿色思考帽思考创新点与突破点,然后针对其中一位

---

① ［英］爱德华·德博诺.六项思考帽:如何简单而高效地思考[M].马睿,译.北京:中信出版社,2016.

教师的观点请他戴上黄色思考帽思考;接着让大家戴上黑色思考帽思考给这位教师的建议;最后戴上蓝色思考帽对大家的观点进行分析、概括,得出行动方案。这样一个决策活动使用了其中的四顶帽子。

3. 使用六顶思考帽时没有严格的顺序,可以根据讨论的目的与需要,灵活使用多种帽子或多次使用某种帽子。比如,针对部门之间相对封闭、缺乏交流与协作的问题,您的提议是每个部门的项目都至少要有其他三个部门人员的参与,并通过分工使大家深度卷入,但您不确定这个想法是否恰当。这时,您可以戴上蓝色思考帽来设计与组织整场研讨活动,让大家戴上黄色思考帽思考这个建议积极合理的一面、戴上黑色思考帽思考这个建议带来的问题、戴上绿色思考帽提出创新点,最后您戴上蓝色思考帽归纳与提出解决问题的方案。这里重复使用了蓝色思考帽。

我们再来看一个例子。来自宁波的陈晓燕老师在论文中描述了她在幼儿园评课活动中运用六顶思考帽的过程。

一是让大家先戴上白色思考帽思考讨论,提炼出课例的关键信息。思考的问题包括:本次活动中教师设计了哪几个教学环节?这些教学环节是如何贯穿在一起的?教师使用了哪些教学方法?教师希望达成什么目标?在目标落实过程中教师有效提问的次数是多少?

二是让大家戴上红色思考帽思考讨论,提供感性看法。思考的问题包括:对于这个教学活动,您的直观感受是什么?本次活动中最大的亮点是什么?与您的预期是否一致?哪个环节的处理让您印象深刻?

三是让大家戴上黄色思考帽思考讨论,找出课堂教学中存在的优点,可以从不同方面呈现优点。

四是让大家戴上黑色思考帽思考讨论,找出课堂教学中存在的问题,从目标、准备到教学过程,都可以有针对性地进行讨论。

五是小组的所有成员都用绿色思考帽思考,根据课堂教学中存在的问题,提出富有创造性的问题解决方案。

六是戴上蓝色思考帽思考新方案的可行性,也就是下次活动整改的具体方案呈现。[1]

---

[1] 陈晓燕.基于"六顶思考帽"的幼儿园教师评课研修之探究[J].宁波教育学院学报,2018(4).

问卷 | 六项思考帽：让思考简单而高效

六项思考帽既适用于小组讨论、集体谈话，也适用于个人思考，几乎适合任何主题的讨论。它能让大家从不同的方向对事物进行全面的思考。这么简单高效的思考方法，请赶快用起来吧！请扫描二维码把您的使用案例与体会分享给我们。

 学思用结合，内化转化

学习感悟1

六项思考帽作为一个全面思考问题的模型，给个人或团队提供了"平行思维"的高效工具。这种思维模型既因为避免了互相争执而节省了时间，又能避免因为"面子"问题而不讲真话。

在"上海市初中数学网络教学资源（视频课）"备课磨课的过程中，我尝试使用六项思考帽，取得了非常好的效果。

用蓝色思考帽对基于单元理念的课时教学方案进行整体思考与架构。如在上教版七年级《图形运动》一章，平移、旋转、翻折都是学生在生活中常见的运动形式。因此，在教学设计时，每一种运动的学习过程都经历了数学建模的过程，同时也经历了颜色渐变的思维过程：生活中真实情境（白色—客观事实）—数学问题（红色—直观感受）—建立某种图形运动的新概念（绿色—探究性思维与创造性思维）。用绿色和黑色思考帽探究每一种运动的属性，为了使思维更具批判性，既要通盘思考三种运动的共性，又要缜密思考每一种运动的个性。

——上海市青浦区教师进修学院　肖彩凤老师

学习感悟2

在不久前讨论公众号文章撰写和推送时，我们就运用了六项思考帽。

作为主持人，我首先提出了公众号写作的主题——"我和学生的故事"，希望12位教师每人写一个发生在自己身上的故事，故事可以是成功的，也可以是失败的。接着，教师戴上绿色思考帽提出建议：加上一些自己的育人理念，并开设观众留言区板块，让关注我们公众号的家长和教师广泛留言，鞭策我们提高自己的写作水平。然后，我们继续戴上绿色思考帽进行创新点与突破点的思考。我们希望凸显工作室的特色，把鼓励咨询的活动内容和教室里正面管教的方法结合在一起,运用到写作中,从教师自身的成长出发,分享处理学生问题时的好策略。最后,我们运用蓝色思考帽得出结论:教师的成长是给孩子最好的礼物。只有教师的情绪好了,他才有能量去给孩子正向的引导;只有对教室里正面管教的方法进行本土化的运用,教师才有能力和方法去帮助更多的孩子和家长成长。因此,在"我和学生的故事"写作中,我们先从写自己的童年故事出发,鼓励童年时候的自己,在12期鼓励童年的自己的写作结束后,再去写现在的"我"和学生的故事,这样的24期连载会更加有效。

——上海市青浦区逸夫小学　于淼老师

案例应用

以一节3学时的培训课程为例,培训主题是"校本研修活动的反思与改进",培训方式是六顶思考帽。课程伊始,培训者会戴上蓝色思考帽,向参训教师介绍这节课的目的、六顶思考帽的含义和使用规则。在参训教师全部明确相关内容后,带着蓝色思考帽的培训者开始规划和调节整个思维过程,并及时做好记录。(1)培训者会让参训教师戴上红色思考帽,回答"您觉得校本研修活动是否有必要开展""校本研修实施的效果如何"两个问题,参训教师只需要用简短的语言直接表达自己的主观感受。(2)所有人转换思维,戴上白色思考帽,客观地举出事例或数据以证明刚才表达的主观感受。如果说校本研修有效果,举出一些事例证明;如果说校本研修效果不好,也要举出相应事例。(3)所有人戴上黄色思考帽思考校本研修的意义与价值、校本研修会使教师获得怎样的发展,挖掘校本研修的优势。(4)所有人戴上黑色思考帽分析校本研修过程中存在的问题、遇到的困难以及有哪些制约和影响因素,寻找问题出现的原因。(5)所有人戴上绿色思考帽进行创造性思考,提出改进校本研修活动的好方法。(6)始终戴着蓝色思考帽的培训者负责总结和归纳观点,要把戴上前五项思考帽思考过程中参训教师贡献的观点按照一定的逻辑顺序进行梳理,可以用思维导图的形式呈现观点,最终得出校本研修的改进策略。在这节课的教学设计中,培训者完整地使用了六顶帽子,旨在全方位地反思与改进校本研修活动。当然,在其他的培训课程中,培训者也可以根据授课内容和实际需要,有选择地使用一顶或几顶帽子。[①]

---

①　王姣姣,王慧玲."六项思考帽"在教师培训中的应用探索[J].中小学教师培训,2017(11).

34 | 拼图分组研讨法：让每个人都动起来

 适用对象及情境

1. 团队研讨活动的组织者、引导者。
2. 对以下问题抱有好奇心的人员：
有什么科学有效的研讨活动组织方法吗？

 开门见山，聚焦问题

拼图游戏是一种广受欢迎的智力游戏，形式多样，难度不一，从幼儿到成人，都百玩不厌。拼图游戏就是将完整的图片或模型拆分开来，由游戏者按照一定的方法把每一个单片拼接起来恢复到原样。拼图中的每一个单片都有它自己的位置，而且是缺一不可的。从拼图游戏中汲取灵感，美国的研究者亚森（E. Aronson）教授和他的同事将其运用于课堂教学活动的设计，提出了拼图合作学习，也就是本讲所说的拼图分组研讨法（英文为 Jigsaw）。

 释疑解惑，示证新知

拼图分组研讨法是一种小组合作学习的技术，组内每一位成员所承担的任务（每一单片）都是完成最终图形的基础，同时又有助于组内成员充分理解最终的图形。正如每一片拼图都是必不可少的，小组中每一位成员都要承担任务，而且他们所承担的任务对整个任务的完成至关重要。由此，可以激发每一位成员的学习动机，使其积极参与到小组讨论中。

听起来这是一个非常理想的研讨法，那么，具体该怎么操作呢？接下来，我们通过一个运用拼图分组研讨法开展教师培训活动的例子，呈现具体的实施步骤。

第一步，任务分解。分解学习任务，并按照 1、2、3……对其进行编号。在培训工作坊中,我们将一门研修课程的方案按照"问题情境—问题解决—诠释与理解—拓展与运用—迁移与创造"五大环节进行拆分,整个方案分成五个部分。我们把每个部分的材料打印出来并标上序号。这样,每个部分就类似于拼图中的一个单片。

第二步,建立原属小组。根据能力、学习情况等差异,我们对学员进行异质分组,每组5人,共4组。我们事先给小组的每位成员编号,小组人数和拆分后的任务数一致。每组的5位成员分别拿到一部分研修课程内容,组内成员拿到的材料组合在一起,就是整个课程内容。原属小组中的成员可以由培训者先按能力分好组,也可以组织一定的游戏活动分组,或者由培训者根据学员背景等相关信息异质分组,并选定一名组长。需要注意的是,小组人数与拆分后的任务数应该是一样的,确保一个小组能成为整体的代表。

第三步,明确任务与分工。给每个小组发放学习材料时,每位成员随机抽取其中的一份材料。接下来,每位成员要认真阅读所选择的卡片材料上的课程内容,思考并判断所阅读的这一部分内容对应"问题情境—问题解决—诠释与理解—拓展与运用—迁移与创造"五大环节中的哪一个环节,在卡片旁边写上该环节的名称,并给出理由。培训者要确保每位成员只阅读和思考他所选择或分配到的学习材料,并留出充足的时间让他们阅读材料内容、在小组内与其他成员交流。小组内对命名后的学习材料进行排序,拼接成完整的学习活动流程。

第四步,重新组建专家组。负责相同任务或分配到相同材料的成员组成一个专家组,从而形成若干专家组。各小组中拿同一个序号卡片的学员重新组成专家组,如拿1号卡片的4位教师组成一个专家组,拿2号卡片的4位教师组成另一个专家组,以此类推,共组成5个专家组。每个专家组中,每位成员的学习材料和任务是一样的,他们相互交流自己的想法。当他们对学习活动的命名不一样时,他们就要展开深度讨论。这一环节非常重要,专家理解透彻,回到原属小组,才能给成员讲解清楚。

第五步,专家组的学员各自返回原属小组。他们要把专家组对每份卡片材料的理解依次汇报给组内的成员,并最终形成卡片活动名称和排序,促进大家理解和认识每一个环节,把握学习活动的整个流程。

第六步,展示与交流。各小组将组内讨论的结果向全体成员进行汇报交流,加深大家的理解和认识。培训者对前三个环节中了解到的情况和汇报的结果进行反馈与总结。

在近一个小时的讨论中,每位成员都认真阅读自己手中的材料,并在小组中向其他成员介绍自己的内容,全身心投入研讨活动,对研讨问题的理解也非常深入。因为每位成员的理解和任务对最终任务的完成至关重要,每一个人都不可或缺。整个活动完全没有出现我们常常担心的"学员参与性不强""不能达成共识""个别小组成员不参与讨论"等问题。这个方法真的非常有效,您也可以在您的培训课程中用起来。不过,在使用时,有两点特别关键:(1)合理分组,一般应由教师遵循异质分组原则将学员分为若干原属小组;(2)专家深入研讨。

问卷 | 拼图分组研讨法:让每个人都动起来

请扫描二维码把您的活动设计和使用体验分享给我们。

 学思用结合,内化转化

学习感悟1

我在芬兰四年级的历史课堂看见教师用拼图分组研讨法。那节课的主题是"巴基斯坦",教师列出国旗、城市、历史人物、历史事件四个子主题,组建原属小组并明确分工后,把学生分成4个专家组,每组4个学生,每个专家组研讨一个子主题。讨论完毕后,学生回到原属小组进行汇报交流。这个过程中有三点值得注意:(1)学生可以自主选择感兴趣的主题,这有助于学生的课堂参与和投入;(2)学生在专家组时,需要搜集资料、思考、创造内容、合作、交流,这提高了学生的能力;(3)学生在原属小组时,需要用自己的语言表达从专家组带来的内容,从记忆层面转向理解层面、表达层面,这个过程能够增强学生的自我认同感。

——芬兰于韦斯屈莱大学 钱文丹老师

学习感悟2

拼图分组研讨法是语言教学中常用的方法,类似于拼图,学生A有图片,学生B有文字,两人就可以对话,完成各自的任务。如果三人分别持有一篇文本的一个部分,通过交流就能拼成完整文本信息。这种方法主要是利用信息沟通激发交际欲望。

——上海市师资培训中心 许伶萍老师

案例应用

宋怡、包宇璠把拼图分组研讨法应用在大学教师教育课程中,针对化学师范班本科三年级学生,开展了"设计教学方案"的合作教学。课前,培训者把班级学生分为五组,并把学习内容分成五部分,见表1。课中,按照拼图分组研讨法开展活动。课后,布置作业并进行小组评比。活动中,师范生全员参与、分工明确、信息共享,共同完成学习任务,提升了学习动机、学习成就、合作技巧,提高了组织合作学习的技能与自我效能感。

表1 "设计教学方案"的学习内容分解[①]

专家组	分解后的学习内容
Ⅰ	"二氧化硫"课时教学目标设计
Ⅱ	"二氧化硫"第一课时教学内容设计
Ⅲ	选择合适的教学方法
Ⅳ	教学情境设计:情感活动过程设计
Ⅴ	形成"二氧化硫"课时教学的评价策略

[①] 宋怡,包宇璠.Jigsaw合作学习在科学教师教育中的应用[J].教育导刊,2015(4).

35 | 结构化研讨：让您的课堂活力无限

 适用对象及情境

1. 团队研讨活动的组织者、引导者。
2. 对以下问题抱有好奇心的人员：
研讨活动的组织有什么可依据的方法吗？

 共情互动，聚焦问题

在组织教师研修活动时，您是否常常为研讨活动效果不佳而头疼呢？传统的学员研讨，"一放就乱，一收就死"。干预多了，学员一个个规规矩矩，按部就班地进行汇报发言，气氛沉闷，缺乏深入互动交流；干预少了，又容易出现跑题的"聊天效应"和明星学员一言谈的"领袖效应"。有什么办法能避免出现上述情况呢？下面分享的结构化研讨方法，相信会让您有所启发。

 释疑解惑，示证新知

结构化是相对于非结构化而言的，结构化研讨是指按照一定的规则和流程，运用某些特定的研讨工具开展集体讨论的一种方式。规则、流程、研讨工具共同构成结构化研讨的三大核心要素。结构化研讨的根本目的是破解非结构化研讨过程中的随意性、参与的非广泛性以及对某一意见的垄断性等问题。

问题解决型结构化研讨以解决实际问题为最终目标，要求形成的方案更具针对性和实操性。在问题解决型结构化研讨中，通常会采用关键事件分析法明确问题方向，通过鱼骨图法分析原因，运用头脑风暴法收集对策。

如在一次干训主任培训班中，引导师王老师带领参训学员针对"影子校长跟岗培训"项目组织工作中存在的难题，进行了一次结构化研讨，效果非常好。

第一步，聚焦问题。

1. 个人头脑风暴提出问题。小组中的每个成员通过卡片头脑风暴的方法，把自己在"影子校长跟岗培训"项目组织工作中存在的难题——列出来，然后选出最难解决的三个问题，分别写在三张便利贴上，并贴在小组的白板上。

2. 小组研讨聚焦问题。组员一起分析白板上罗列的所有难题，采用亲和图法合并类似的问题，然后比较白板上罗列的所有难题，为自己最赞同的三个难题投票。汇总投票，票数最多的难题，就是结构化研讨的主题。其中一个小组确定的主题是"如何解决由学校差异导致的学习与应用脱节问题"。

第二步，共寻对策。

1. 小组使用鱼骨图探究原因。小组采用鱼骨图结构对该难题的产生原因进行全面分析，见图1。在鱼头处写下即将研讨的难题"如何解决由学校差异导致的学习与应用脱节问题"。把大家经过研讨达成共识的原因分别作为鱼骨图上的大刺，包括学校间的匹配度不够、培训方案与需求不一致、培训内容缺乏针对性、培训形式单一、培训后缺乏跟踪与复盘等。

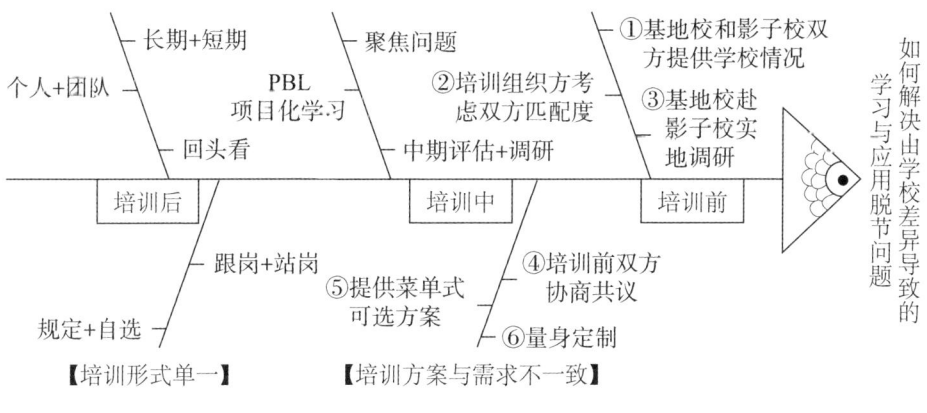

图 1　鱼骨图

2. 针对每个原因提出对策。原因列举出来后，小组成员针对每个原因讨论对策。每一条对策就是鱼骨图上的小刺。如针对"学校间的匹配度不够"这一条，小组研讨后提出的对策有：(1)在培训方案设计前，基地校和影子校双方提供学校情况；(2)培训组织方考虑双方匹配度；(3)基地校赴影子校实地调研。针对"培训方案与需求不一致"这一条，大家找到的对策有：(1)培训前双方协商共议；(2)提供菜单式可选方案；(3)量身定制。以此类推，大家群策群力，针对五个导致难题发生的原因分别给出了对策。

3. 小组评估对策。组员为每个对策编号*，采用对策评估四象限法，从对策的投入成本和有效性两个维度来对其进行评估。

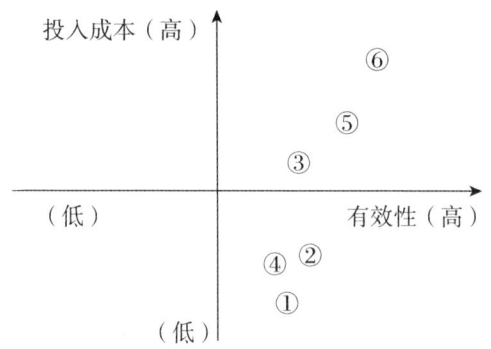

图 2　对策评估四象限法

第三步，分享与反思。

1. 组间交流。各小组之间通过"旅行团"的方式进行走访和交流。每个小组派出一位发言人为来访的嘉宾介绍本小组研讨的结果，来访的嘉宾提出自己的想法和建议。

2. 修改完善。走访结束后，各小组综合大家的建议对自己的对策进行修改与完善。

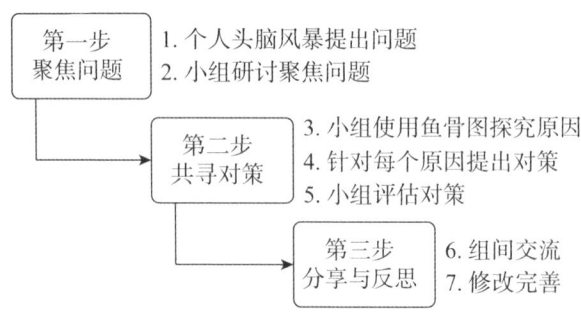

图 3　结构化研讨三步七法

上述结构化研讨法可以简要概括为三步七法。第一步为聚焦问题，包含个人头脑风暴提出问题、小组研讨聚焦问题两法；第二步为共创对策，包含小组使

* 限于篇幅，本讲仅对图1和图2中部分对策进行了编号和评估分析。

用鱼骨图探究原因、针对每个原因提出对策、对每种对策进行可行性评估并确定适切的对策三法;第三步为分享与反思,包含组间交流、修改完善两法。

结构化研讨会把每个人的思维都调动起来,让智慧的火花四处飞溅,让您的课堂活力无限!请扫描二维码把您的体会与应用智慧分享给我们。

问卷 | 结构化研讨:让您的课堂活力无限

 学思用结合,内化转化

学习感悟1

　　本讲以"影子校长跟岗培训"为例,介绍了结构化研讨的过程,通俗易懂,简单易学。第一步是聚焦问题,从学习者的需求出发,"海选"难题,归纳难题,最后再投票决定研讨主题,这样就实现了按需施训。作为培训者,我们在平时的研训工作中也要立足学习者的真实需求,开展有针对性的培训。第二步是共寻对策,采用鱼骨图法对难题进行全面的分析,鱼头就是问题,大刺就是原因,小刺就是对策,又采取了对策评估四象限法,非常形象生动。更重要的是,在此过程中采用了小组内合作学习的形式,包括激发思路、完善想法、分享智慧等。第三步是分享与反思,各小组之间通过"旅行团"的方式进行走访和交流。这启发我们在平时的培训过程中先采用小组内合作学习的形式,再采用小组间交流和分享的形式,通过同伴互助达到资源共享、成果共享的目的。人们常说:"一个苹果两个人分享,一人只分得半个苹果;一个思想两个人分享,就成了两个思想,如果若干个人共享,那就是若干个思想,一个人的经验就成了大家的经验。"这样的学习何止是事半功倍,它的效率极高。

——上海市青浦区教师进修学院　卓月琴老师

学习感悟2

　　所谓结构化研讨,是指采用结构化的方法,把人们的思维划分为不同阶段,避免综合性思维的影响,并保证成员间平等交流;用建设性的强制规定保证小组成员积极参与讨论,互相启发,使讨论始终保持正向。综合性思维是指习惯于使用综合、概括、提升等方法分析问题,常常用一种观点分析一类现象、说明一类问题、得出一种结论。这种思维方式的长处是认识问题深刻,能够给人以启迪,有助于认识某一类事物或同类事物。本次培训中我们学习了鱼骨图法,我通过不同的途径找了一些常用的结构化研讨方法和大家分享,包括头脑风暴法、团体列名法、金鱼缸法等。

——上海市青浦区凤溪中学　张剑老师

学习感悟3

结构化研讨是一种有效的研讨方式,它有这样一些优点:(1)尽可能调动所有学习者参与,有利于发挥集体的作用;(2)聚焦问题进行结构化思考,更具有针对性。案例中的鱼骨图法,启发学习者在确定了难题后,以培训的行进时间为主线,以时间线上每个阶段的问题为主要讨论内容,逐一进行梳理,然后以小组的形式,对每一个问题进行有针对性的讨论,并在其中使用有效的评价方法,尝试找出解决问题的合理途径和方法。这样的逻辑顺序是比较清晰合理的。这里,我们依然要注意一点:在小组讨论时,应调动小组每一位成员的积极性,防止出现一言谈的情况,从而使每一位成员都参与研讨过程,都能贡献自己的智慧。

——上海民办兰生复旦中学　盛利铭老师

36 | 世界咖啡：不能不用的汇聚群体智慧的方法

适用对象及情境

1. 团队研讨活动的组织者、引导者。
2. 对以下问题抱有好奇心的人员：
研讨活动的组织有什么可依据的方法吗？

开门见山，聚焦问题

"咖啡"一词源自希腊语，意思是"力量与热情"。汇谈成员围坐在铺着桌布的圆桌边，听着轻音乐，与背景不同、观念不一甚至互不相识的人，在喝咖啡聊天的情境和氛围中轻松交流，从而激发思维的火花，形成集体的智慧。这样的场景是否很令人向往？下面分享的这种集体汇谈方法以"世界咖啡"命名，通过营造"大家聚在一起喝咖啡聊天的情境和氛围"，让拥有不同背景、不同观点的人围坐在一起，针对一个主题，轻松、真诚地进行无障碍的交流和畅谈。

释疑解惑，示证新知

世界咖啡是美国研究者朱安妮塔·布朗和戴维·伊萨克共同发起的一种创造集体智慧的汇谈方法。它是一种精心设计的汇谈流程，也是一种深层次的生命系统模式。有别于一般的汇谈方法，世界咖啡的重点在于"世界"二字。大家都知道，世界上不同产地出产的咖啡有不同的口感和香味，能为我们带来不同的味觉感受，而世界咖啡汇谈的精髓就在于让参与者充分聆听不同的声音，在思维火花不断碰撞的过程中真正凝结出集体的智慧。设定情境、营造宜人好客的环境空间、探索真正重要的问题、鼓励每个人参与贡献、交流并连接不同的观点、共同聆听不同的模式和见解并分析深层次的问题、收获和分享集体智慧，是世界咖啡汇谈的七项核心设计原则，可以提高人们共享知识的能力。它是一种由对话和意义创造构成的无形网络。①

具体操作如下：

假设您目前承担了学校教师培训系列课程开发的牵头工作，需要召集各学科、各年级组的教师出谋划策，您可以使用世界咖啡汇谈方法。

第一步，分组。主持人先介绍汇谈主题和活动步骤，用游戏的方式对全体参与教师进行分组。

第二步，第一轮研讨。每组选出组长，并由组长组织组员轮流发言。组长记录发言内容，归纳主要观点。

第三步，第二轮研讨。每组的组长留在原组，组员通过报数等方式流动到其他组。组长先介绍本组上一轮的基本观点，再逐一倾听新组员的观点，在此基础上补充完善本组的观点。

第四步，第三轮研讨。组员回到原组，分享从其他组学到的印象最深刻的观点和经验，组长进行记录，并补充完善本组的观点。

第五步，交流分享。各组代表依次对本组完善后的观点进行汇报交流，其他组提问点评。

怎么样？原本简单的小组讨论，通过世界咖啡汇谈的方法变化出了三轮研讨，这样一来，每一位教师的观点都得以充分交流，而且用这种方法提炼出的教师培训系列课程开发方案一定凝结着参与教师的集体智慧。

当然，在这个过程中，如果能结合思维导图等可视化形式来总结归纳观点，会有更好的效果！

这里需要提醒的是，世界咖啡汇谈并非通用于各种教师培训。适合选用世界咖啡汇谈方法的教师培训应符合以下特点：(1)为了分享学员的知识，激发学员的创新思维，并且具有建立社群和探究问题的需要；(2)为了使第一次参与汇谈的学员能够进行真正的对话；(3)为了加深现有学员的对话关系和对共同的结果负责；(4)为了在培训学员和培训教师之间建立一种有意义的互动；(5)当学员规模超过12人，为了让每个学员都有机会发表自己的观点；(6)中小学教师培训

---

① ［美］朱安妮塔·布朗，戴维·伊萨克.世界咖啡：创造集体智慧的汇谈方法［M］.汤素素，等译.北京：电子工业出版社，2019.

的时间超过 1.5 小时。[①]

这就是世界咖啡汇谈方法,您觉得怎么样？您会把它用到哪些主题的研讨中去？如果您还有其他更好的想法,请扫描二维码分享给我们。

问卷 | 世界咖啡：不能不用的汇聚群体智慧的方法

 学思用结合,内化转化

学习感悟 1

世界咖啡汇谈方法新奇有趣,我很想尝试应用。应用时,参与者既要分享自己的见解,也要学会倾听和理解他人的想法,组织者也能锻炼自身归纳总结的能力。除了在培训课程中运用,教研活动中也可以尝试这种方法。它或许能够让我们听到更多不同的声音,碰撞出更精彩的思维火花！

——上海市青浦区教师进修学院附属中学　高慧老师

学习感悟 2

世界咖啡的三轮研讨使每个人都充分交流了自己的想法。如果我是组长,我就要进行第一轮的观点收集与罗列、第二轮的观点补充与碰撞、第三轮的观点修正与提炼,这比单一的小组讨论高效,也能让我更加深入地认识主题。如果我是组员,我会在第一轮表达自己的观点,在第二轮对比别人的观点,在第三轮知道集体的观点,这比单一的小组讨论信息量更大,也能让我多角度地认识主题。

——上海市青浦区第一中学　黄深洵老师

学习感悟 3

首先,这个题目吸引了我。为什么叫世界咖啡？原来是将大家不同的思维和观点比喻成来自世界各地的咖啡,"世界"一词说明了大家思维碰撞的广度。喝咖啡是一件轻松、惬意的事情,把培训比喻成喝咖啡,说明这个形式的培训有别于一般的培训,它是放松的、自由的、无拘无束的。只有在这样的一种氛围中,大家才能真诚、轻松、无障碍地交流与畅谈！

——上海市宝山区宝虹小学　王文琴老师

[①] 王中华,易娜伊,李翠平."世界咖啡"汇谈：一种中小学教师培训模式[J].教育理论与实践(中小学教育教学版),2014,20(8).

37 | 六类经典实用的工作坊

 适用对象及情境

1. 工作坊活动的设计者、组织者与实施者。
2. 对以下问题抱有好奇心的人员：

工作坊有哪些类型？

 开门见山，聚焦问题

想必您对"工作坊"一词并不陌生。工作坊作为一种实践教学模式，最早源于德国魏玛共和国时期以培养工程设计师和建筑设计师为宗旨的包豪斯学院。在包豪斯学院，学生的身份是"学徒工"，"形式导师"教授理论性知识，"工作室师傅"教授技术类知识，因为实践环节需要在特定的场地进行，学生的日常实践操作空间——工作坊，逐渐成为实践环节的核心，由此形成的实践模式被称为"工作坊教学"。①

工作坊以实践为核心，按照实践的要求学习理论；项目是实践的核心，学生的所有实践活动，几乎都以具体项目或项目中的某一个组成部分为目标；强调理论与实践相结合，在工作坊的实施过程中，学生要把所学的理论知识应用于实践，并根据实践的具体需求来学习理论，做到"学有所用，用有所学"。与传统的以理论、教师为核心的教学模式有着显著的区别，工作坊教学模式强调以实践、学生为核心。

2014年起，工作坊教师研修模式开始在国内流行起来。下面给大家介绍六类经典实用的工作坊。

---

① 刘禹,王来福.基于工作坊的高等教育实践教学体系的研究[J].东北财经大学学报,2009(1).

释疑解惑，示证新知

第一类，收集想法型工作坊。这类工作坊适合用来收集参与者的各种想法和创意。一般实施流程是：(1)抛出问题，营造轻松氛围；(2)个人思考，头脑风暴；(3)呈现想法，观点激荡；(4)筛选想法；(5)形成共识或方案。

第二类，回顾反思型工作坊。这类工作坊适合对已有重点活动进行反思，梳理经验，明确改进策略。一般实施流程是：(1)回顾重点活动或工作；(2)对照预定目标进行反思，总结优势与差距；(3)分析差距产生的原因；(4)探寻解决问题的对策；(5)总结经验，形成改进策略。

第三类，问题解决型工作坊。这类工作坊适合用来探寻富有挑战性的问题的解决对策。一般实施流程是：(1)澄清问题；(2)分析问题产生的原因；(3)探索解决问题的方法；(4)形成多个问题解决方案；(5)筛选与确定问题解决方案。

第四类，发展能力型工作坊。这类工作坊适合用来提升参与者的某项能力。一般实施流程是：(1)提出指向能力提升的富有挑战性的任务；(2)参与者第一次挑战任务；(3)参与者之间、参与者与专家之间进行深度对话，调整方案；(4)参与者第二次挑战任务；(5)对话、反思、总结经验。接下来会产生新的挑战性任务，开始新的循环。

第五类，促进融合型工作坊。这类工作坊适合团队融合建设。一般实施流程是：(1)呈现团队融合的需求；(2)澄清需求；(3)对需求满足的方案进行回应；(4)对需求满足的方案进行解释；(5)明确改进行动。

第六类，全新创造型工作坊。这类工作坊适合打破已有思维定式开展创新活动。一般实施流程是：(1)参与者提出个人理解；(2)对理解进行深度对话、洞察；(3)综合参与者的理解；(4)筛选创意；(5)形成原型；(6)评估测试。

您可以根据实际场景，灵活采用某类工作坊与组合使用六类工作坊。不过，为了使工作坊达到良好的实施效果，有两点需要注意。第一，工作坊坊主选择的研修主题一定是教师教学实践中遇到的真实问题，只有保证这一点，工作坊才有开展活动的意义，才能更好地促使教师将习得的教学技能和教学理论应用于教学实践。第二，工作坊中所有成员都要积极参与活动，积极发言，只有这样才能产生良好的互动效果，促进所有成员的学习。

您是否有尝试的冲动呢？请扫描二维码把您的体悟与应用实践分享给我们。

 学思用结合，内化转化

问卷｜六类经典实用的工作坊

学习感悟1

六类工作坊不是完全独立存在的，在培训时间紧张、培训任务繁重的情况下，面对不同阶段、不同需求的学员，培训者可以根据培训的实际需求进行两种及以上的自由组合，从而提高培训实效。

如虹口区的骨干校长梯队培养培训中采用了"沙龙式"的研修方法，即按照学段分成不同小组，每组设有一名同学段的指导专家和一名组长，各组围绕校长专业标准，以沙龙形式开展研修活动。各组自主决定研修主题、时间、地点、形式等，着力探讨在办校治学管理过程中遇到的难题、积累的经验等，鼓励组员间取长补短。在培训的初始阶段，多采用收集想法型工作坊、促进融合型工作坊等，快速凝聚团队力量，达成发展共识；经过一两次的集体研修后，到了培训的中间阶段，团队成员也有了一定的了解和信任，多采用问题解决型工作坊和发展能力型工作坊，凸显目标导向、任务驱动、问题解决；在培训的结尾阶段，多采用回顾反思型工作坊和全新创造型工作坊，力争让成员在学习实践中反思，在反思回顾中创新。要特别说明的是，在培训的不同阶段，我们只是侧重采用某些工作坊，并非完全排斥其他工作坊，也不希望被某种工作坊形式限制，这样才能真正做到优选、活用。

——上海市虹口区教育学院　宋早红老师

学习感悟2

古人说的"因材施教""教学相长"，对学生学习和教师培训都具有指导意义。工作坊虽是教育与心理学研究领域的方法，但其思辨、探讨、交流的特征也非常契合教师培训。现代教师培训要面对学科学段、兴趣喜好、层次能力、实用拓展等差异面，必然要灵活设计。在这个越来越注重教师职业人文特色与个性发展的时代，不同侧重类型、不同投射角度的工作坊应运而生。老师，总有一款适合您。

——上海市秋萍学校　李保忠老师

案例应用

在"国培计划(2014)"网络研修与校本研修混合式培训中,张思等教师采用问题解决型教师工作坊研修模式,依据认知学徒制的一般步骤设计区域学科研修活动。坊主、辅导教师、观察教师和被观察教师按照一定的活动序列开展研修活动(见图1),有效提高了区域学科教师的信息技术应用能力,推动了区域学科教师的均衡发展。

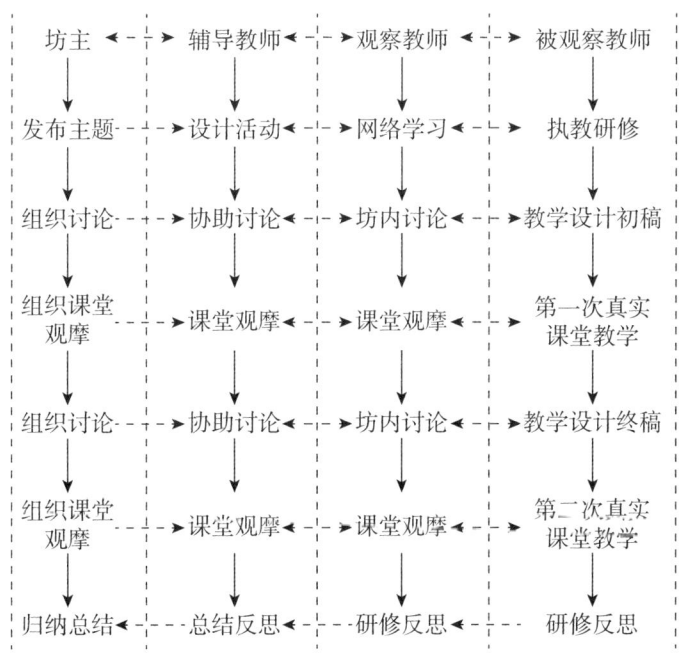

图1 问题解决型教师工作坊研修模式实施流程①

---

① 张思,刘清堂,熊久明.认知学徒制视域下教师工作坊研修模式研究[J].中国电化教育,2015(2).

38 | 凌波五步：一种实用的工作坊设计流程

 适用对象及情境

1. 工作坊活动的设计者、组织者与实施者。
2. 对以下问题抱有好奇心的人员：
工作坊活动设计与传统培训活动设计有何差异？

 提问引入，聚焦问题

当前流行的教师培训工作坊模式因其能促使参与者共同参与、深度对话、真实体验、解决问题而广受欢迎。如果您想设计一个既能引导参与者解决问题又可以传授一定知识技能的引导培训型工作坊，该如何做呢？下面分享的凌波五步，就是一种比较实用的、适用于所有引导培训型工作坊设计的流程。凌波也用来形容脚步轻盈，漂移如履水波。用凌波五步来指代工作坊设计流程，从中可以想象这种工作坊设计流程的简捷与灵动。

 释疑解惑，示证新知

凌波五步工作坊设计流程的具体操作步骤如下：[1]

第一步，确定工作坊的主题与焦点目标。主题就是工作坊的中心思想，体现为工作坊的名称。焦点目标就是工作坊发起方想要达成的目标与结果。我们可以通过充分交流、需求调研等确定工作坊的主题与焦点目标。

第二步，确定关键议题。关键议题是对主题的进一步分解，1天的工作坊活动关键议题一般在4个以内，2天的工作坊活动关键议题一般在6个以内。如果希望讨论更多的关键议题，建议分组平行讨论。

---

[1] 林士然.基于引导技术的工作坊设计[M].北京:电子工业出版社,2017.

第三步，确定在哪些议题中融入培训内容。事先准备好的要分享的培训内容可以整合在相应的议题中。

第四步，确定议题顺序与时间分布。议题顺序是指议题讨论的先后次序。在确定议题推进顺序时，应重点考虑参与者的意愿、议题间的逻辑关系等。考虑议题的时间分布时，要关注其对焦点目标的贡献。对于发起人最关心的议题，要考虑重组的时间比例。如1天的工作坊活动是8个小时，有4个议题，那么，这4个议题的时间比例以2∶4∶1∶1为宜，这样既可以突出重点，保证整体性，又可以兼顾灵活性。

第五步，匹配引导活动。根据议题及其时间分布，匹配恰当的引导活动。如果某个议题的讨论时间为1.5小时，您可以放心大胆地使用世界咖啡这个工具方法。如果某个议题的讨论时间只有1小时，您只能使用世界咖啡的变式方法或其他引导工具。

下面以引导师组织的面向某区研修员的"基于问题解决的研修课程框架"引导培训型工作坊为例进行说明，见表1。

表1　凌波五步应用示例

主题	基于问题解决的研修课程框架				
焦点目标 （发起人的期望）	1. 就研修课程呈现框架达成共识 2. 学员把自己已有的培训课程呈现框架转化成基于问题解决的研修课程框架				
体验目标 （参与者的期望）	1. 在参与、对话、充分交流中达成共识 2. 在专家引领下，判断已有认识的适切性，并加深对基于问题解决的研修课程框架的理解				
关键议题	1. 学员常用的研修课程框架是什么样的 2. 基于问题解决的研修课程框架的要素与规范				
具体流程	流程目标	引导师干什么	参与者干什么	时间	备注
1. 头脑风暴	收集每个人关于理想的教师研修课程的想法	1. 抛出研讨的问题与要求 2. 整理参与者的想法	列出并在UMU互动学习平台提交自己的想法	课前完成	活动前完成

（续表）

具体流程	流程目标	引导师干什么	参与者干什么	时间	备注
2. 开场与热身	营造开放、轻松的氛围	主持破冰游戏，可把出生月份、兴趣爱好等相同的人安排在一起	按要求参与破冰游戏	10 分钟	—
3. 创设问题情境	分享大家的想法	讲述整理的结果，提出问题	倾听	5 分钟	—
4. 组内研讨（结构化研讨）	小组就呈现框架达成共识	观察、协助、参与研讨	对话、交流、建构	25 分钟	—
5. 汇报分享	理解、交流，全体学习者达成共识	1. 提出活动要求 2. 提出问题	组长汇报、组员补充	10 分钟	—
6. 小结	加深对研修课程框架的认识	总结陈述，对研修课程框架的结构特征进行总结	倾听	10 分钟	—
7. 培训讲授	专业引领，澄清疑惑	专家诠释	倾听与思考	20 分钟	—
8. 拓展与运用（DRID 焦点讨论法）	识别小组共识与专家解读之间的差别	布置任务，提出讨论问题	小组讨论	15 分钟	—
9. 迁移与创造	运用所学框架改造个人的培训课程	个别化指导	修改自己的研修课程框架	20 分钟	—
10. 总结	加深对基于问题解决的研修课程框架的理解	总结、布置任务	倾听、记录	5 分钟	—

请扫描二维码把您的学习感悟或应用案例分享给我们。

问卷 | 凌波五步：一种实用的工作坊设计流程

学思用结合，内化转化

学习感悟1

通过学习凌波五步，我对工作坊设计流程有了清晰的认识。现结合自己对新教师进行培训的经验，运用凌波五步进行剖析。

第一步，确立工作坊的主题与焦点目标。大多数新教师刚刚从学校毕业，走上教师岗位。我们不仅要帮助他们消除刚刚进入社会的焦虑心理，还要引导他们合理规划自己的职业生涯。因此，我们确定了工作坊的主题"新教师角色的转变"。在此基础上，我们确定了焦点目标：(1)加深新教师对教师职业的认识；(2)提升新教师的职业素养；(3)引导新教师快速进入角色；(4)引导新教师进行职业规划。

第二步，确定关键议题。关键议题根据焦点目标一一确定：(1)您了解的教师职业是什么样的？(2)教师需要哪些职业素养？哪些职业素养最为重要？(3)能够让教师快速成长的要素有哪些？(4)怎样进行职业规划？

第三步，确定在哪些议题中融入培训内容。略。

第四步，确定议题顺序与时间分布。

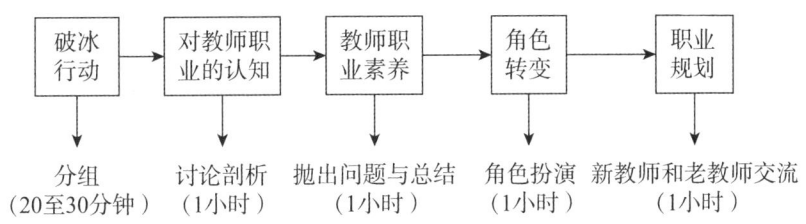

图1 议题顺序与时间分布

第五步，匹配引导活动。引导活动包括分组、讨论剖析、抛出问题与总结、角色扮演、新教师和老教师交流。

——上海市青浦区东方中学 陈绪林老师

学习感悟2

本讲的标题新颖，比较吸引人。五步法结构清晰，指导具体，操作性强。以下提一个建议:表1中的具体流程可否改为"问题搜索—热身导入—材料呈现—组内建构—汇报分享—组间碰撞—归纳小结—专题讲述—课后任务"?

——上海市师资培训中心　张俊老师

学习感悟3

凌波五步工作坊设计流程从主题与焦点目标的确定,到议题、培训内容、培训时间、引导活动的综合考量,为我们设计工作坊研修项目提供了实用的脚手架。在整个工作坊中,培训者的角色不是指导者,而是提供脚手架的引导者。在不同环节的设疑启发、引导探索中,知识的预设性降低、生成性提升,学习者根据自身的经验建构和生成新知识,提升了对知识的感知、理解、反思、建构,培训从单向传授走向交互共创,学习也从被动接受走向主动建构,真正的学习得以发生。

——上海市师资培训中心　何茜茜老师

39 | 把传统培训活动转化为引导培训型工作坊活动

适用对象及情境

1. 工作坊活动(或教师培训活动)的设计者、组织者与实施者。
2. 对以下问题抱有好奇心的人员:
传统培训活动如何转化为引导培训型工作坊活动?

开门见山,聚焦问题

一提到传统培训,不免让人联想到以听讲为主的专家讲座或报告。引导(Facilitate)的意义是让事情变得容易。引导活动是一项聚焦问题解决,鼓励所有参与者共同面对问题、研讨分析,并一起探寻解决方法的活动。近年来流行的教师培训工作坊强调围绕特定的主题和目标,让参与者充分对话、相互学习、共同创造,从而形成相关问题的解决方案。

从引导者的任务来看,工作坊可以简单分为纯引导工作坊与引导培训型工作坊。在引导培训型工作坊活动中,引导者不仅要带领参与者通过对话交流来分析和解决真实问题,也要教授一定的知识、技能,传递一定的态度。传统的培训活动完全可以在培训理论与技术的指导下,转化成引导培训型工作坊活动。那如何转化呢?

释疑解惑,示证新知

要想把传统培训活动转化为引导培训型工作坊活动,关键点是从培训者的"教"转向学员的"学",把传统的培训讲授转换成多样化的以学员为主体的主动参与、研讨、建构的学习活动。我们来看一个例子。

以传统的"组织管理"培训课程中"组织沟通与协调技巧"一章为例,它包括六小节,分别是:(1)建立与组织成员间的沟通渠道;(2)沟通在管理上的功能;

(3)克服沟通的障碍;(4)沟通时应掌握的原则与技巧;(5)员工冲突管理;(6)工作协调的要领。培训者依次讲授相关内容。这样的传统培训具有以培训者和知识为中心、以讲授为主的特征,对学员需求、问题解决、学员主动参与关注不够。

若将这一章改为引导培训型工作坊活动,可以这样操作:

第一步,个人头脑风暴提出问题。小组中的每个成员通过卡片头脑风暴的方法,把自己在"组织沟通与协调"中存在的难题一一列出来,然后选出最难解决的三个问题,分别写在便利贴上,并贴在小组的白板上。

第二步,小组研讨聚焦问题。组员一起分析白板上罗列的所有难题,采用亲和图法合并类似的问题,然后比较白板上罗列的所有难题,为自己最赞同的三个难题投票。汇总投票,票数最多的难题,就是小组研讨的主题。

第三步,小组使用鱼骨图探究原因。小组采用鱼骨图结构对该难题的产生原因进行全面分析。在鱼头处写下即将研讨的难题,把大家经过研讨达成共识的原因分别作为鱼骨图上的大刺。

第四步,针对每个原因提出对策。原因列举出来后,小组成员针对每个原因讨论对策。每一条对策就是鱼骨图上的小刺。大家群策群力,找到相应的对策。

第五步,小组评估对策。组员为每个对策编号,采用对策评估四象限法,从对策的投入成本和有效性两个维度对其进行评估。

第六步,组间交流和修改完善。各小组之间通过"旅行团"的方式进行走访和交流。每个小组派出一位发言人为来访的嘉宾介绍本小组研讨的结果,来访的嘉宾提出自己的想法和建议,小组进行修改完善。

第七步,总结发布。对各小组讨论的结果进行总结发布。

第八步,专业引领。根据参训者的情况,有侧重地讲授、分享"组织沟通与协调技巧"的关键知识点。

这样一来,传统的以知识讲授为主的培训课程就转变成了既注重参与者的对话、交流,又注重专业引领的引导培训型工作坊。有些读者看到这里,会觉得这些步骤有点熟悉。对,这就是前面讲到的结构化研讨法,只不过在最后增加了培训讲解的内容。

综上所述,把传统的培训活动转化为引导培训型工作坊活动的要点是,把以培训者为主的讲授转化成以学习者发现知识与社会建构为主的探究活动。培训者需要站在学员立场,具备娴熟的以学员为主体的学习活动设计能力等。只要掌握这个要点,就能比较方便地把传统培训活动转化为引导培训型工作坊活动。请扫描二维码把您的体悟与应用体验分享给我们。

问卷 | 把传统培训活动转化为引导培训型工作坊活动

 学思用结合,内化转化

学习感悟1

2020年6月,我针对青浦区新入职体育教师开展了一个"'异质分层—合作'教学模式在体育教学中的应用"的培训。在以往的培训中,我会根据自己的思路进行讲解,但效果较差,教师也缺乏互动交流。这次,我尝试了新的方法。

怎样把培训教材变成引导型内容?我先通过游戏互动的方式进行分组,要求每个小组通过自荐或者推荐的方式,推荐一名组长。然后,我把鱼骨图呈现在大屏幕上,小组成员讨论运动技能形成规律、运动认知、核心素养三者的关系。通过组内讨论,各组找出问题答案,并且说出原因。最后,我对各种答案进行汇总解析,再引导全体学员进行讨论。

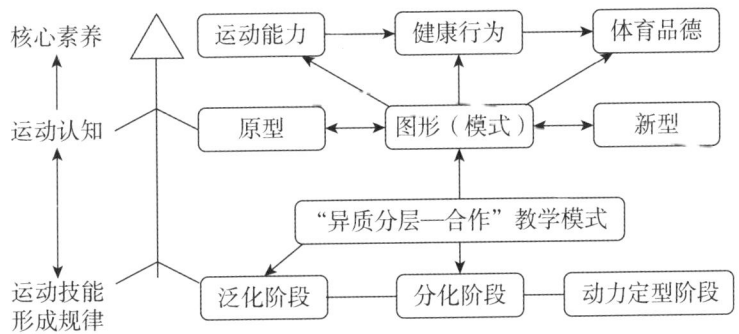

图1 小组合作模式鱼骨图

——上海市青浦区东方中学　陈绪林老师

学习感悟2

引导培训型工作坊既注重学员的学习,又注重教师的引导,这是一种较为先进的培训理念和培训方式。

培训的最终目标是提升学习者的素养。素养提升是学习者通过内容的学习与体验逐步感悟的结果,这就要求学习者在培训过程中主动获取知识。只有学习者的学习能动性被调动起来，才能真正实现上述素养的提升。引导培训型工作坊充分调动了学习者的学习能动性。

引导培训型工作坊同时注重教师的引导。在培训过程中，培训者要充分发挥导向作用，为学习者提供学习的资源、路径、支撑，只有这样，才能保证学习的真实性和有效性，才能为学习者素养的提升提供助力。

——上海市徐汇区教育学院　贾彦春老师

学习感悟3

本讲通过一个把传统培训活动转化为引导培训型工作坊活动的例子，让学习者直观形象地理解了引导培训型工作坊活动的操作要点，一学就会，会了能用，多用就灵。建议把文字表述部分转变为具体形象的图表，或者适当插图，提高学习者的阅读体验。

——上海市宝山区教育学院　王萍萍老师

40 | 五步教学法：让教师的深度学习发生

 适用对象及情境

1. 教师培训活动的设计者、组织者与实施者。
2. 对以下问题抱有好奇心的人员：
教师培训活动设计的教学论是什么？

 共情互动，聚焦问题

在当今社会，生活节奏快、变化大，不确定性增强成为一种常态，每个人的工作压力都很大。对教师来说，既要保质保量完成各项教育教学改革任务，又要挤出时间参加各种培训进行充电学习，累倒不怕，就怕培训收获不大，白白浪费了时间与精力。所以，每位培训者都力求精心设计培训活动，让教师的学习真正发生，学有收获。一般教学原理同样适用培训教学，在诸多培训教学原理中，美国学者戴维·梅里尔提出的首要教学原理尤为实用。

 释疑解惑，示证新知

首要教学原理是从一组有效教学的原理和模式中提炼出来的，具体是指聚焦问题或者面向任务开展教学，并以此经历激活旧知、示证新知、应用新知、融会贯通的教学循环圈，见图1。

首要教学原理可概括为五条基本内容：(1)聚焦问题，即当学习者在现实世界的问题情境中掌握知识与技能时才能促进学习；(2)激活旧知，即当学习者回忆已有知识与技能并将其作为新知识的基础时才能促进学习；(3)示证新知，即当学习者观察将要学习的新知识与技能的示证时才能促进学习；(4)应用新知，即当学习者运用新掌握的知识与技能解决问题时才能促进学习；(5)融会贯通，即当学习者反思、讨论和巩固新习得的知识与技能并将其迁移到其他知识上的

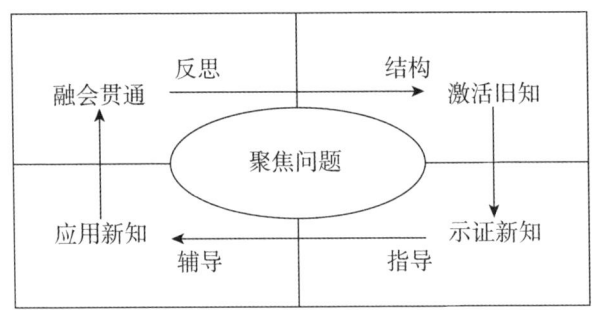

图 1　首要教学原理的框架

时候才能促进学习。① 首要教学原理包括聚焦问题、激活旧知、示证新知、应用新知、融会贯通五个要素,每个要素又包含三个推论。

表 1　首要教学原理的推论②

聚焦问题	1. 交代学习任务,向学习者交代在完成某一学习活动后能够做什么或解决什么问题后才能促进学习 2. 训练完整任务,当学习者介入问题或承担任务,而不仅仅是停留在操作或活动水平时,才能促进学习 3. 形成任务序列,当学习者解决了一系列比较重要的问题时才能促进学习
激活旧知	1. 回忆原有经验,当引导学习者依据原有经验回忆、联系、描述或应用知识并将其作为新知识的基础时,学习才能得到促进 2. 补救原有经验,当向学习者提供作为新知识基础的经验时,学习才能得到促进 3. 明晰知识结构,当引导或鼓励学习者回忆用来组织新知识的结构时,学习才能得到促进
示证新知	1. 紧扣目标施教,当教学展示论证与学习目标一致时,学习才能得到促进 2. 精心提供指导,当向学习者提供适当的学习指导时,学习才能得到促进 3. 善用媒体促进,当媒体扮演一种恰当的教学角色并且没有使学习者干扰分心时,学习才能得到促进
应用新知	1. 紧扣目标操练,当练习、后测与已经陈述或隐含的目标一致时,学习才能得到促进 2. 逐渐减少指导,当学习者在解决问题时得到恰当的反馈和指导(包括错误检查与纠正),指导逐渐减少时,学习才能得到促进 3. 变式问题操练,当要求学习者解决一组变式问题时,学习才能得到促进

---

① 盛群力,马兰.走向 3E 教学——三述首要教学原理[J].远程教育杂志,2006(4).
② 李正慧.基于首要教学原理的高中生物学教学设计与实践研究[D].四川师范大学,2020.

(续表)

融会贯通	1. 实际表现业绩，当学习者有机会实际展示并表现其知识与技能时，学习才能得到促进 2. 反思完善提高，当学习者对新习得的知识与技能进行反思、质疑、辨析时，学习才能得到促进 3. 灵活创造运用，当学习者能够创造、发明、探索新事物并有个性特色地运用新知识与技能时，学习才能得到促进

我们把首要教学原理改编为简单实用的五步教学法，让教师的学习真正发生。

第一步，聚焦问题。培训者通过案例、故事等再现问题情境，让学习者深切感受到问题所在。

第二步，激活旧知。培训者抛出问题，引导学习者个人或小组调动已有知识经验来分析问题产生的原因、解决对策等。

第三步，示证新知。培训者在学习者充分思考的基础上，给出解决问题的新知识或新技能。

第四步，应用新知。学习者运用新知识或新技能来尝试解决问题。

第五步，融会贯通。学习者对习得的新知识或新技能不断进行实践、反思、讨论和巩固，从而达到融会贯通的目的。

实际上，许多教师在课堂中经常使用五步教学法。下面以"以色列 SIT* 培训"的一个教学片段为例进行说明。

第一步，培训师 Y 老师在幻灯片上呈现了四组很有意思的照片，一组是早期的冰箱与现在的冰箱，一组是常规的可乐罐与改变后的两个只有原来一半大小的可乐罐，一组是传统面包店与只卖半成品面包的面包店，一组是传统课堂与翻转课堂。

第二步，Y 老师请学习者思考这四组照片各发生了什么变化并举一些类似的例子。每个小组的成员充分讨论、交流。

第三步，Y 老师抛出系统创新思维中除法工具这一新概念，然后结合前面的四组照片讲解除法工具的应用方法。

第四步，Y 老师以酒店入住程序为例，引导每个小组先思考一般酒店入住流

---

* SIT 是 Systematic Inventive Thinking 的首字母缩写，意为系统创新思维。

程,然后让大家把整个流程写下来,并给每个步骤编号。接着,Y老师放手让各个小组自主确定感兴趣的话题,先把常规流程列出来,再运用除法工具,根据自己的期望对流程进行调整,然后思考改变后的流程的好处,最后思考如何实现它。

第五步,Y老师让大家再次反思、讨论除法工具的要点及应用除法工具时的注意事项。Y老师反复强调,一定要想象重组流程后的价值而不是可行性。通过这样的五步,学习者真正理解与内化了除法工具。

问卷|五步教学法:让教师的深度学习发生

五步教学法,让教师的深度学习真正发生。赶快试试吧!请扫描二维码把您的体会分享给我们。

 学思用结合,内化转化

学习感悟1

　　五步教学法真的很实用。本讲以案例和故事的形式聚焦问题,提出问题,能够激发学习者的兴趣和探究的欲望。我一直认为:学习者是因为不了解,所以才要了解;学习者是因为不知道,所以才会想知道。用问题引入是激发学习者求知欲的一种重要方式。问题的提出,只是开头的引子,关键是解决问题的思路:(1)学习者自身的知识架构和逻辑,是解决问题的基础;(2)在此基础上,培训者的点拨和提升,可以打开更广阔的思路,提供更有效的途径和方式;(3)培训者和学习者甚至可以相互印证,相互探讨,进一步探寻解决问题的有效途径。最后,我们要进行实践,在"认识—实践—再认识—再实践"中,不断提升自我。培训者依旧以案例的形式来进行生动的教学,学习者可以在案例的操作中,一步一步地尝试,一步一步地提炼和概括自己遇到的教育教学案例。

——上海市民办兰生复旦中学　盛利铭老师

学习感悟2

　　五步教学法对我今后的教学具有指导意义。教师教授学生的目的就是让学生内化所学。为了有效应用五步教学法,教师必须深入分析学情,聚焦学生的问题,激活学生已有的经验和知识,调动学生的学习兴趣,让学生产生学习新知识的欲望,主动去建构知识。教师要搭建桥梁让学生尝试应用新知识解决问题,在反复实践中,达到学以致用、融会贯通的目的。对于职校教师来说,在此过程中还要考虑如何更好地融合学生的专业背景。

——上海市曹杨职业技术学校　王秀鹏老师

学习感悟3

我认为五步教学法在平时的教学中非常实用。如针对某个知识点,教师在备课时要了解学生的学习基础,分析教材和学情,在基础上,进行符合学生接受程度的教学设计,最后进行实际应用。这不仅能让学生把该知识点与之前的知识融会贯通,也能为学生后续知识学习打下基础。

——上海市普陀区教育学院附属学校　乔俊老师

案例应用

研究者李正慧提供了一个基于首要教学原理的高中生物教学案例。"生态系统的能量流动"这节课聚焦完整任务,按照"激活旧知(梳理结构)—示证新知(提供指导)—尝试运用(变式操练)—融会贯通(反思完善)"四环节,把知识置于现实的问题情境中加以应用,引导学生在具体任务中习得知识与技能。[①]

[①] 李正慧.基于首要教学原理的高中生物学教学设计与实践研究[D].四川师范大学,2020.

41 | 手绘流程海报：让培训日程安排一目了然

 适用对象及情境

1. 教师培训活动的设计者、组织者与实施者。
2. 对以下问题抱有好奇心的人员：
培训日程安排如何更加可视化、有创意？

 开门见山，聚焦问题

您一定参加过不少培训，您是否还记得这些培训的日程安排？这些日程安排是不是以一张表格的形式独立呈现的？是的，大多数日程安排都是一张表格，告诉您培训的时间、主题、形式、培训者、地点等。这种呈现形式虽然清晰，但让人感觉不够生动，也缺乏整体感知。在国外一些培训师组织的培训活动中，有时会用线条形象地表情达意。下面介绍几种简单的手绘流程海报，它们通过隐喻的方式，运用视觉化的呈现形式，直观生动地让学员了解培训的目标与进程安排，从而让学员对培训要点有深刻的印象。

 释疑解惑，示证新知

第一种，赛跑隐喻手绘海报（见图1）。这种海报把整个培训流程比喻成一个有目的地的赛跑活动。目的地代表目标，跑道上的里程碑或标识代表关键时间节点与安排，在关键时间节点与安排之间，还可以显示关键主题与时间安排。

第二种，登山隐喻手绘海报（见图2）。这种海报把整个培训流程比喻成一次登山活动。山顶代表目标，登山途中的标识代表关键时间节点与安排，在关键时间节点与安排之间，还可以显示关键主题与时间安排。

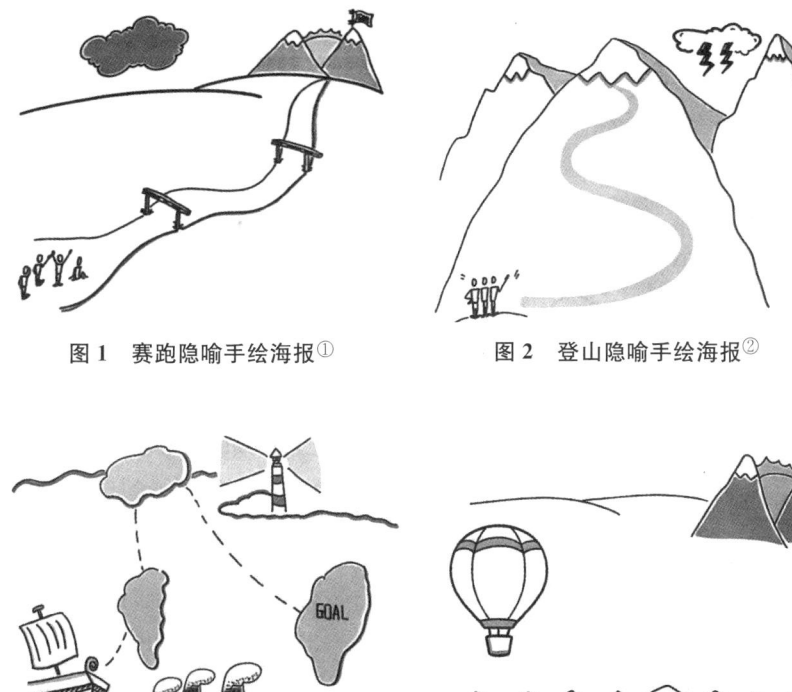

图 1　赛跑隐喻手绘海报①　　　图 2　登山隐喻手绘海报②

图 3　海洋航行隐喻手绘海报③　　图 4　氢气球旅行隐喻手绘海报④

第三种，海洋航行隐喻手绘海报（见图 3）。这种海报把整个培训流程比喻成一次海洋航行。某个地点代表目标，沿途经过的重要地点被视为关键时间节点与安排，在关键时间节点与安排之间，还可以显示关键主题与时间安排。

第四种，氢气球旅行隐喻手绘海报（见图 4）。这种海报把整个培训流程比喻成一次空中航行。某个地点代表目标，沿途经过的重要地点被视为关键时间节点与安排，在关键时间节点与安排之间，还可以显示关键主题与时间安排。

手绘流程海报是不是有趣又实用？我们在培训中多次使用手绘图，给学习者留下了深刻的印象。如在"培训迁移模型及其对教师培训的启示"培训中，我们用氢气球旅行路线图描述了培训中的关键环节。小山丘上的红旗代表此次培训的目的地，在到达这个目的地的过程中，要经历"案例导入—培训迁移含义—培训距离与学习环路—鲍德温模型—霍顿模型—整合模型—反思"这些关键环

---

①　林士然.基于引导技术的工作坊设计[M].北京:电子工业出版社,2017.
②③④　同①。

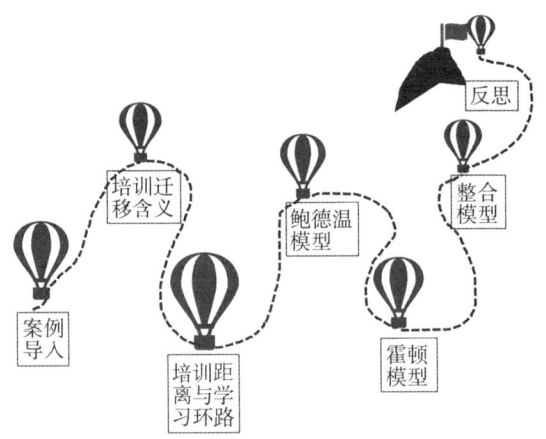

图 5　"培训迁移模型及其对教师培训的启示"培训流程示意图

节,学习者一看就能了解本次培训的主要内容,明白学习的顺序,非常清晰。

如在"'双名工程'的探索与实践"培训中,我们用氢气球旅行路线图描述培训学习路线。小山丘上的红旗代表此次培训的目的地,在到达目的地的过程中,有研讨建构、案例分享、经验总结、反思四个关键节点;在案例分享和经验总结两个关键节点中间,有 7 个关键主题,即谁是名师、假设与设计、课题研究、示范引领、思想凝练、视野拓展、展示交流。这个流程图既清晰明了,又形象生动。

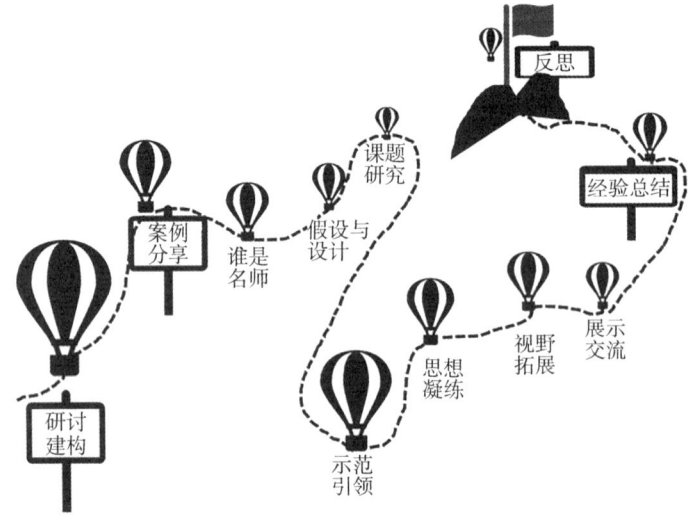

图 6　"'双名工程'的探索与实践"培训流程示意图

您喜欢哪种手绘流程海报？请先实际绘制下，再扫描二维码分享给我们。

 学思用结合，内化转化

学习感悟 1

　　学完手绘流程海报这一讲，我最大的感受就是实用。本讲用图形的方式为学习者展示整个培训的时间节点、目标，与其说是一种创新，不如说是一种变革。在信息量如此大的时代，简短的文字并不能满足大众的需求，反而图形的方式会冲击大家的视觉，给人一种直观的感受。我尝试用这种方式对暑假时间进行了规划，顿时感觉整个假期有目标、有方向、有奔头，接下来，我会按照这样一个流程"走下去"。

——上海市嘉定区古猗小学　王莉莉老师

学习感悟 2

　　四种隐喻图文并茂，比较生动有趣。但这四种隐喻似乎比较雷同，都是针对某一目标的单向的通关打卡式的安排，在文字表述方面区分度也不大。建议增加与这四种单向安排并列的多向安排，如体检隐喻（模块化，各种体检项目没有先后顺序，学习者可以根据需求自主选择）。

——上海市师资培训中心　张俊老师

学习感悟 3

　　手绘流程海报运用视觉化的方式把日常培训流程安排隐喻其中，四种建议有趣生动，学完之后让人想赶紧行动，把培训日程美化起来。

——上海市宝山区教育学院　王萍萍老师

42 | 怎样的引入活动能牢牢抓住学习者

  适用对象及情境

1. 教师培训活动的设计者、组织者与实施者。
2. 对以下问题抱有好奇心的人员：
培训者如何开场才能迅速吸引所有参训者的注意力？

  共情互动，聚焦问题

有时，您点开一个在线培训课程，还没到1分钟，您就把它关上了，因为它一开始就没能吸引您。有时，您要发言或开办讲座，却因没有一个好的开头而苦恼。的确，一个好的开头真的是太重要了。参训者往往是带着各种各样的意图来参加培训的，有的带着强烈的学习动机，有的抱着观众心态（感兴趣就学，不感兴趣就开小差），有的被迫参加……一个好的培训引入，可以把各种心态的参训者卷入到培训中来。可是，如何给自己每次的培训活动设计一个好的开头呢？

  释疑解惑，示证新知

培训引入的方法有很多。下面分享两种比较简单有效的引入方法。

第一种是情境引入法。它通过讲故事或现场演示等方式呈现典型的、能够引起参训者强烈共鸣的案例或故事，从而让参训者卷入培训。

如王老师在一次给青年班主任的讲座"班主任的那些烦心事"中，就采取了情境引入法。她先请大家看了一段视频。

【视频要点】

旁白：为了让孩子能当上班干部，家长想尽了办法。小孩子呢？他们也没闲着，您看……

生1：小林，你有没有觉得×××平时对同学很凶？

生 2：是呀！老师不在的时候，他老是记我的名字，还到老师那儿打我的小报告，害得我经常被老师批评。

生 1：他这么对你，你这次就不要选他当班干部了。我们是好朋友，如果我当上了班干部，绝对不向老师打你的小报告。你看怎么样？

生 2：那太好了！

生 1：一言为定，当上了班干部，我送你一套汽车拼装模型，再请你吃你最喜欢的炸鸡翅。

旁白：面对班干部选举中学生之间的拉票行为，班主任应该如何应对呢？

看了这段视频，您是不是觉得很有意思？的确，听讲座的青年班主任看到这段生动的视频，一下子被吸引了，往日的经验被激活，他们发出会心的笑声。大家对下面的内容充满了期待，求知欲一下子被激发起来了。

一个好的情境胜过千句言语，能够让大家在不知不觉中激活经验，带领着大家去思考。不过，创设好的情境也不是一件轻而易举的事，需要您细心观察与反复打磨。

第二种是游戏引入法。不管是 500 人的线上培训，还是 50 人的现场培训，这种方法都适用，而且效果都非常好。

我们来看下面的例子：

吴老师要给参训学员开办一个"小学生数学运算错误与对策"的讲座，但坐在下面的学员，有的在看手机，有的在批阅试卷，还有的在看书……如何把参训学员的注意力都吸引到培训内容上呢？

吴老师带领大家一起做了个小游戏，他让大家都站起来，把两手伸开，右手手掌向下，左手食指顶着左侧同伴的右手手掌（您可以跟着一起做一下）。大家动作都准备到位了，吴老师开始读一段 300 字左右的关于"小学生常见运算错误"的文字，每当读到"运算错误"这个词语时，学员都要用右手手掌迅速抓同伴的左手食指；凡是被抓到的学员，要走上讲台分享一个学生运算错误的实例，分享不能雷同。

这个方法您学会了吗？请赶快试试，并扫描二维码把您的精彩引入分享给我们。

问卷｜怎样的引入活动能牢牢抓住学习者

 学思用结合，内化转化

学习感悟1

  我主要谈谈情境引入法，这是我们"道德与法治"学科教师在日常教学中常用的一种方法。一个好的开头，能够调动学生的积极性，为课堂教学打下良好的基础。在"道德与法治"学科中，有很多经典案例，如用学生之间发生的故事导入，并提出代入性的问题"假如是你，你会怎么做"。

  在讲解"珍爱生命"这个主题时，我们可以用这样的情境引入："有一天，在你回家的路上，突然远处的一辆公交车着火了，火势非常大，很多人被困在里面。有很多人跑过去救火，这时，你会怎么办？"这种道德两难问题的情境导入，还可以进一步延伸，如提出一些关联延续性问题，让学生在问题探讨中思考。

  在开展意志力相关品质教育教学时，我们可以用反问式的情境引入："有这样一个女孩，她从小生活贫困，4岁的时候失去了一双腿……你觉得这个女孩活得快乐吗？假如你遇到这样的情况，你觉得自己还能够快乐地生活吗？"这一类的情境导入，能够激发学习者的探究欲望。当然，我们不能仅仅停留在情境导入阶段，还要从情境中提取有价值的东西，帮助学习者形成符合逻辑的价值判断。

——上海市民办兰生复旦中学 盛利铭老师

学习感悟2

  我非常认可游戏引入法。这种方法不管应用于多少人的课堂，都能很快激发学生的学习兴趣。好的开始是成功的一半，教师要做的就是构思与课程内容相关的、符合教学目标的、耗时较短的、参与人数尽量多的游戏。

  我曾在一堂英语语法——"现在进行时"复习课上使用了游戏引入法。游戏名称是"Hot seat"，每组派出一个学生上前背对屏幕、面对其他学生而坐，其他学生不能说话，但是可以用肢体动作演示屏幕上的图片，第一个使用正确的"现在进行时"猜出图片的小组获胜。40人的班级若分成4组，每次4人猜，那么10次比拼就能使参与率达到100%。如果教师认为耗时太长则可安排更多学生同时猜。此游戏设计不仅能激发兴趣，更能唤起旧知，个人认为是一个非常成功且合适的引入设计。

——上海市上南东校 王音老师

第五步　设计评价任务

❋ **本章学习目标**

1. 感悟评价任务设计的要点
2. 理解评价量规的构成与设计要求
3. 知道追踪问效的方法

�֍ **本章学习路线**

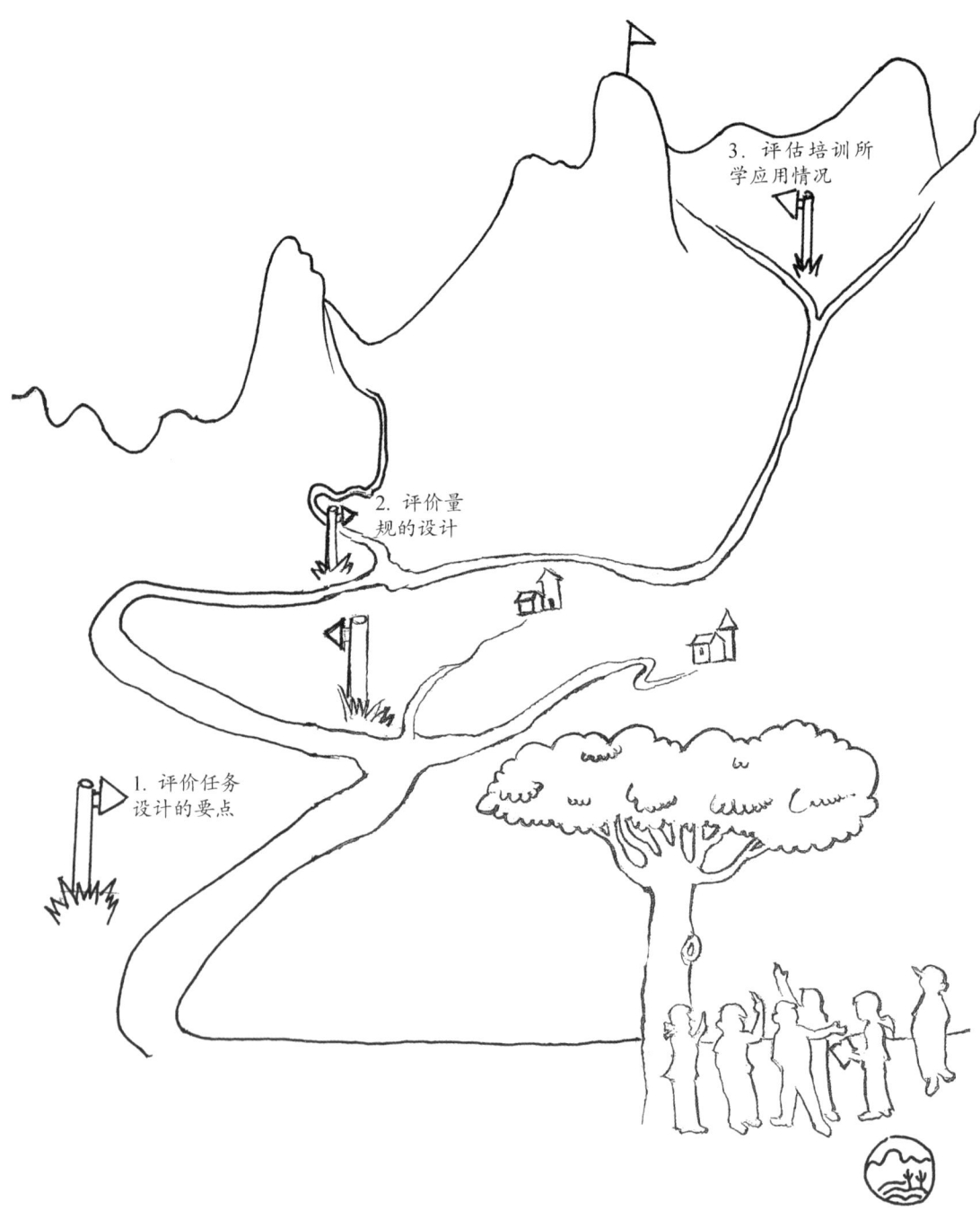

(绘图 范瑞华)

43 | 评价任务还可以这样设计

适用对象及情境

1. 教师培训活动的设计者、组织者与实施者。
2. 对以下问题抱有好奇心的人员：
怎样设计评价任务，才能既新颖又有效检测培训目标的达成情况呢？

在您参加过的培训中，有没有一些培训任务或作业的设计让您觉得特别有趣、精妙？可能是有的，但您一时回忆不起来。大多数培训任务或作业给人的感觉不是枯燥、繁重就是浅表化，难以引发真正的学习。那如何依据培训目标，设计既有趣又精妙的培训任务或作业呢？这真是一个好问题。我们在中小学的作业设计中经常看到一些妙不可言的、基于真实问题解决的评价设计，但在教师培训的评价任务设计中，还鲜有令人耳目一新的案例。

 释疑解惑，示证新知

下面仅以培训结束前即时性的终结性评价任务为例进行说明。在本书出版前，我们制作了一个18小节的微课程"五步玩转教师培训课程设计"，在为这门课程设计评价任务时，我们团队主要关注三个问题。

1. 如何知道教师从这门微信课程中学到了什么？

我们设计的评价任务是：请每位教师逐条列出从这门课程中学到的最实用的东西，然后按照重要性由高到低排序，把排序结果发给培训者。

这个任务，不用教师长篇大论，减轻了教师的压力，同时要求教师必须反思所学，对学到的知识进行个性化的价值评估。

2. 如何知道这门课程是否激发了教师的学习热情？

我们设计的评价任务是：您有向朋友分享这门课程的冲动吗？如果有，请编辑一条您要分享给朋友的微信，把您的微信分享截图发给培训者。

这个任务比较简单，从中既能看出学习者对这门课程的评价，也能帮助宣传这门课程。

3. 如何知道教师真的在学着设计自己的培训课程呢？

一般的培训者会要求教师设计自己的培训课程大纲，把大纲发送到指定的邮箱。我们也希望教师设计自己的培训课程大纲，但又怕教师因缺乏清晰的支架而造成不必要的困扰与负担，所以，最终我们设计的评价任务是：请您打开微信小程序，完成培训课程设计作业。

图 1　微信小程序评价任务

我们在微信小程序中清晰地列出了培训课程大纲的关键要素，如课程名称、适用对象、课程目标、内容目录（三级目标）、最得意的教学活动简述、最得意的评价任务简述。教师只要动动手指，在后面填空就可以了。

通过这样的评价任务设计，我们就能大概评估出教师的学习态度与学习收获。总之，好的即时性的终结性评价任务不仅能够有效检测出预期目标的达成度，还要便捷、清晰，不过分加重教师的工作负担。

您在评价方面肯定比我们做得更好。请扫描二维码把您看到、听到、做到的精妙的培训评价任务设计分享给我们。

学思用结合,内化转化

学习感悟1

以往培训课程的评价作业都是写感想或提交案例,教师往往缺乏积极性。本讲中所列举的评价任务和作业比较新颖,符合现在线上"云"教学的特点。按照学习内容的受益程度和重要性排序使得教师认真回忆和梳理所学内容,对整个课程进行回顾和总结。而朋友圈推荐转发则能让更多有需要的教师了解这门实用的课程。最后的小程序填空罗列框架既给了教师设计的思路,也简化了内容,可以推动教师在整个课程结束后真正走出课程设计的第一步。

——上海市青浦区教师进修学院附属中学　高慧老师

学习感悟2

本讲中提到的培训作业和评价设计有以下特点:(1)让教师按重要性对学习要点进行排序,引导教师反思学习内容,这减轻了教师的思想负担,使其变被动为主动,积极对知识进行内化;(2)运用微信转发课程的形式与好友分享,既能让教师充分展示自己,又能让教师与别人分享知识,一举两得;(3)预先设计好小程序,利用填空的方法减轻教师的工作量和负担,让教师在不知不觉中完成了作业设计与评价。以上三种方法非常巧妙。通过学习,我希望自己能设计出更多适合教师培训课程的评价任务。

——上海市瀚文小学　张磊老师

学习感悟3

如果要形容这个评价设计的话,我会选择"精巧"这个词。"精"体现在评价内容紧扣课程目标,既关注了学习者的学习体验又关注了学习者的学习收获,最后的实操案例也设计得短小精悍。"巧"体现在评价呈现形式上,通过结构化的排序操作了解学习者的学习心得,通过微信朋友圈、小程序这样的手段拓展了反馈的时空,为教师减轻了不必要的负担。这恰好给我们展示了评价设计的两个关键:一是不仅要关注学习结果,还要关注学习感受;二是不仅要关注评价内容设计,还要关注评价形式改进!

——上海市青浦区第一中学　黄深洵老师

44 | 评价量规：让评价引导教师的学习

 适用对象及情境

1. 教师培训活动的设计者、组织者与实施者。
2. 对以下问题抱有好奇心的人员：
如何确保评价作业的高质量呢？

 开门见山，聚焦问题

说到评价，您头脑中第一个出现的词语可能就是打分，但打分可不是件容易的事，无论是自评，还是他评，打分都要有一个统一、客观的依据。而且，评价不应仅仅是为了打分，它还应该关注学习者学习的过程与结果，发挥促进学习者学习的作用。如何能够让评价做到以上几点？下面分享一个有用的工具——评价量规。

 释疑解惑，示证新知

有的教师可能对"量规"这个词语有点陌生，其实，量规就是各种形状的尺，在工业上，我们可以用量规来衡量各种零件做得是否标准。用在评价中，量规就是针对学习任务专门制定的一套标准，我们用它来衡量学习者各项任务的完成情况。下面我们用一个具体的例子来说明。

假设您开设了一门题为"教学中的微视频制作"的教师培训课程，在课程中您给学员布置了一项任务：根据课堂所学，小组合作制作一段教学微视频。针对这个学习任务，评价量规应如何制定呢？我们可以设计一个表格，纵向的评价维度分为主题内容、技术应用、小组合作，横向的评价等级分为优秀、合格、不合格，每一评价等级的具体描述见表1。

表 1　每一评价等级的具体描述

评价维度 \ 评价等级	优秀	合格	不合格
主题内容	主题明确；内容全面且思路清晰；重点突出，容易理解	主题比较明确；内容不够全面，思路欠清晰；重点较为突出，比较容易理解	主题不够明确；内容杂而乱，思路不清晰；不能突出重点，很难理解
技术应用	技术上有创新，能够使用多种技术进行声音、动画、视频素材的处理，效果好	技术上稍有创新，能比较准确、合理地处理声音、动画、视频素材，效果较好	技术上使用常规手段，效果一般
小组合作	小组分工明确，能相互合作，取长补短，按时完成分配的任务	小组分工较为明确，互相合作较为和谐，基本能按时完成分配的任务	小组分工不明确，成员之间不和谐，不能按时完成分配的任务

以上就是一个比较简单的评价量规，有了量规，我们在评价时就能尽量做到客观统一、有据可循。

需要重点说明的是，在学习任务下发的同时，培训者就应该将量规告知学习者，以便他们明确学习目标，更好地完成学习任务。

评价量规是不是一个非常有用的评价工具？您也来试试吧！请为您的课程作业设计一个评价量规，并扫描二维码分享给我们。

问卷 | 评价量规：让评价引导教师的学习

学思用结合，内化转化

学习感悟 1

学习者有了明确的学习目标后，能够更好地完成学习任务。我尝试过使用评价量规去评价"课本剧的创作与表演"的单元活动设计。评价目的是规范剧本的语言，提升课本剧的舞台展示效果，保证评价结果的公平与公正，便于学习者按照评价指标提高研究质量。评价方式包括教师评价、小组自评、小组互评。

表 2　评价指标

评价指标	优良(10—9分)	合格(8—6分)	待改进(5—0分)
故事情节是否完整	紧扣课本内容，故事情节完整	围绕课本内容，故事情节较完整	主要情节和内容有缺失
台词改编是否合理	角色台词设计恰当，有逻辑	角色台词设计比较恰当，较有逻辑	角色台词设计混乱，稍欠逻辑
舞台表演是否有感染力	热情饱满，充分体现人物性格，表演生动	比较热情，能体现人物性格，表演比较生动	缺乏热情，不能体现人物性格，表演不够生动
舞台道具是否搭配得当	道具、服装、幻灯片等能很好地辅助表演	道具、服装、幻灯片等能比较好地辅助表演	道具、服装、幻灯片等不能辅助表演
是否在表演中使用单元重点词汇和句型	能正确使用单元重点词汇和句型	基本能正确使用单元重点词汇和句型，有个别错误	不能正确使用单元重点词汇和句型，错误较多
是否有效使用非语言形式（如目光、表情、手势、动作）	能有效使用非语言形式，与观众有良好的互动	有一些非语言形式，与观众有一定的互动	较少使用非语言形式，汇报形式单一，与观众互动较少

——上海市新云台中学　卫懿君老师

学习感悟 2

单元评价要体现评价主体的多元化、评价目标的多维化、评价时机的全程化三个原则。在此分享一个我设计的评价表，该评价表用于小组探究活动的准备阶段，目的是帮助过程监控与质量跟踪。教师通过观察学生参与度、检查过程性资料等，了解学生准备情况，确保学生按部就班完成任务，从而保证研究的质量。评价目的是明确项目研究各项任务的基本要求，便于学生正确理解评价标准并分步骤开展活动，保证整个研究的质量。评价方式包括教师评价、小组自评、小组互评。

表3　评价指标具体描述

评价项目	评价指标具体描述
资料搜集	确定研究主题后,能通过多种渠道搜集与主题相关的有价值的资料,积累相应词汇和语言素材
小组分工	任务分配合理,每位成员都承担相应任务;成员相互协作,配合默契
图文构思	对前期积累的语言素材进行合理筛选、分类、整合和加工处理,按时完成研究项目文稿和海报制作
图文构思	能根据话题、语境,运用单元重点词汇和句型等进行表达;能使用一般过去时、记叙文写作策略;语言表达正确,无语法和拼写错误
图文构思	能根据教师意见修改,并及时上交修改稿
汇报准备	海报排版清晰明了,语言表达正确
汇报准备	熟记文稿内容,脱稿完成口头汇报任务,必要时可借助卡片或海报所列提纲汇报
汇报准备	运用非语言形式(如目光、表情、手势、动作),与观众互动自然,能引起共鸣

评价设计需要金点子,出色的评价设计会让课程的目标和任务要求得到强化,为学习者的学习过程提供方向和支架。评价量规往往是教师培训者和一线教师在制定评价设计方案时最关键但也最为薄弱的环节。评价量规不能支持和回应课程目标,不能直观检测学习者的学习成效,是普遍性的问题。这一讲的内容给了我很好的示范和启发。

——上海市上南东校　王音老师

学习感悟3

一说到打分这两个字,我脑海里出现的就是评价量表。说起量表,我真有点后怕。以往的实践中,量表制作会涉及很多问题,如科学性问题、评价维度问题……制作的量表,既要操作简单,又要反映培训课程的效果。有些评价量表非常复杂,仅仅评价一堂课就需要十多分钟,这对研究者来说,可能没有太大的问题,但如果让一线教师使用,显然是不合理的。量表发下来,我们首先要理解这张表所要表达的意思,在此基础上进行合理评价。量规在一定程度上就是对评价量表的进一步说明,如"做到什么标准,才能获得什么样的分值或者等第"。这就相当于给了评价者一把尺,让评价者用同一把尺去衡量,尽量保证公正公平。

——上海市民办兰生复旦中学　盛利铭老师

45 | 再来一个教师培训评价量规的案例

适用对象及情境

1. 教师培训活动的设计者、组织者与实施者。
2. 对以下问题抱有好奇心的人员：
如何确保评价作业的高质量呢？

开门见山，聚焦问题

评价量规是一套针对学习任务制定的标准，对引领教师的学习、完成相关任务具有重要作用。可现实的教师培训中，教师往往因为制定适切的评价标准或量规需要投入大量的时间与精力而故意回避，往往只关注作业，而不事先具体而清晰地说明对作业的质量要求。这在一定程度上影响了教师学习与任务完成的质量。下面再给大家提供一个有明确的任务评价标准的案例。

释疑解惑，示证新知

以 2018 年教师教育研修网提供的"新课标·新课堂·新评价——案例解读高中英语新课标"为例说明。基于成人学习特点，考虑到高中英语一线教师当时已基本理解新课标理念，但不知如何将新课标理念落实到课堂教学中，该课程主要设计表现性评价任务，尽量将课程内容与教师的教学实践相结合，并采取多元评价的方式，以达到以评促学、以评促研的目的。该课程主要通过学员完成课程学习及表现性评价任务的时间、质量及所运用的策略等来评价学员的学习动力与学习策略。

结合课程目标及学员的实际情况，开发者设置了两个表现性评价任务，学员可以根据自身实际情况从中选择一个完成。

表现性评价任务 1：教学任务，能够结合所学内容，完成一个体现新课标理念的单元教学设计并进行教学实施,提交一段说课视频录像(不少于 20 分钟),阐明该单元教学设计的基本思路及其体现的新课标理念,提交若干教学片段视频(总计不少于 40 分钟),说明新课标理念在自己的课堂教学中是如何体现的。

表现性评价任务 2:教研/培训任务,能够结合所学内容,提交一段不少于 60 分钟的教研活动或培训活动录像,活动主题是对新课标的解读,活动中要阐明自己对新课标理念的理解,并选取课程中的某一个教学概念或教学方法,结合教学案例说明新课标对高中英语教学产生的影响,以及在教学中可以采取的应对策略。

为了让每位学员清楚知道评价任务的具体评价方式与要求,开发者还针对每个表现性评价任务设计了评价量表,见表 1 和表 2。

表 1　"表现性评价任务 1:教学任务"评价量表

评价项目	评价主体	评价要素	权重配比
教学任务	自我评价	能够按照新课标的要求设计并实施课堂教学,课堂教学效果较好,且课后能够对教学进行一定的反思和改进	10%
	学员互评(匿名)	1. 教学设计和课堂实施能够体现新课标中对学生英语学科核心素养的培育要求 2. 教学设计和课堂实施能够体现英语学习活动观的要求 3. 能够设计较真实的学习情境,帮助学生进行语言内化与输出 4. 能够利用一定的课堂评价手段促进学生学习	20%
	专家评价	1. 能够基于教学单元的语篇分析设定立体化的指向核心素养的教学目标 2. 能够基于英语学习活动观进行教学设计和实施,体现教学环节的逻辑递进性 3. 能够根据主题语境提出问题,引导学生自主探究主题、形成正确的价值判断 4. 能够基于语篇,体现语言知识和语言技能的整合性学习与运用 5. 能够体现对学生思维能力和学习能力的培养	10%

表2 "表现性评价任务2：教研/培训任务"评价量表

评价项目	评价主体	评价要素	权重配比
教研/培训任务	自我评价	能够较深入地理解新课标提出的教学理念、新的教学概念和方法，且能够结合案例进行比较明确的阐述说明，对其他教师的教学有一定的指导意义	10%
	学员互评（匿名）	1. 能够对新课标中提出的新的教学概念和方法进行准确的阐述 2. 能够结合自己或他人的教学案例阐明教学实施方法，并给出一定的指导性意见	20%
教研/培训任务	专家评价	1. 能够准确理解新课标提倡的教学理念，并准确阐述所选取的教学概念和方法 2. 设计的教研/培训活动对于在课堂教学中落实新课标具有一定的指导性，教学案例比较典型，有学习价值 3. 能够将课程中提供的资源（课程资源或延伸阅读资源）运用到自己的教研/培训活动中，协助阐明自己的论点和方法 4. 能够根据自己的教研/培训活动主题和目标，进行一定的拓展资源搜集与运用，协助阐明自己的论点和方法	10%

注：表1和表2中权重配比总计80%，剩余20%综合考虑学员出勤率与参与情况。

上述评价量表也许还存在许多有待完善的地方，但开发者这种真诚、投入的态度值得学习。请试着为您的课程作业设计一个评价量规，并扫描二维码分享给我们。

问卷｜再来一个教师培训评价量规的案例

 学思用结合，内化转化

学习感悟1

很多课程是以作业完成的量来进行评价的，不太关注作业完成的质量，针对教师提交的作业进行反馈的更少，导致在课程学习中，很多教师会把课程作业当作任务来完成，长此以往，学习效果会大打折扣。如何让大家在学习中既完成培训任务，又有更大的收获呢？通过学习，我认为，我们需要思考"谁是评价者"。评价者一定是培训者吗？其实不然。本讲内容给我的启示就是让每一位学习者成为自己的评价者。当评价要素明确时，学习者在完成作业后，就会自己对照评价要素进行反思,并将反思结果运用到自己平时的教学中。这样的评价也是学习内容之一,能让学习进入良性循环。当然,这对培训者也提出了更高的要求,即在设计好课程内容后,还要梳理和总结评价要素,让每个参与者知道做什么、怎么做、如何做才是更好的。有了这样的评价量表,课程学习会更有质量。

——上海市嘉定区新翔幼儿园　陈蕾老师

学习感悟2

阅读了本讲后,我对平时不太重视的课程评价有了新的认识。回想自己设计的培训课程,主要关注点在培训内容和培训形式上,评价要求则较为笼统随意。通过学习,我明白了如何科学有效地设计课程评价。如评价任务应与课程目标和课程内容紧密相关,同时也要考虑教师的课程学习背景和实际需求,灵活采用评价形式(表现性评价、终结性评价等)。另外,评价的主体不一定是授课教师或专家,也可以是学习者自身。采用自评、互评、小组评价等多样的方式,能更好地发挥学员的主观能动性,激发学员的学习热情。评价要素(评价要求)的表述要清晰具体、可操作。今后,我将朝着这一目标努力。

——上海市嘉定区叶城小学　李超老师

学习感悟3

我们认识到,教育评价具有导向功能、激励功能、调节功能、监督功能和教育功能。在教师培训课程中,对学员的学习情况进行评价能有效引导学员增强自主学习的积极性,也能比较客观地呈现学员的学习状态和效果。案例中提供的"表现性评价任务"评价量表让我深受启发。我们还可以将定量评价和定性评价结合起来,评价方式可以有自评和他评,评价形式可以根据课程内容进行设计,如教学设计、教学实录、教育演讲、经验总结、个性化诊断。总之,多元化评价让教师培训规范起来。

——上海市浦东教育发展研究院　姚瑜洁老师

46 | 如何追踪评估培训所学的应用情况

 适用对象及情境

1. 教师培训活动的设计者、组织者与实施者。
2. 对以下问题抱有好奇心的人员：
培训结束后，如何追踪评估学员对培训所学的应用情况呢？

 开门见山，聚焦问题

教师培训的出发点与归宿是满足教师专业发展需求，促进教师专业发展，优化教师的教育教学实践，从而促进学生成长。如果教师在培训中所学甚少，或培训时收获很大，回到现实工作中却没有应用的话，培训就失去了应有的价值。培训者该如何评估学员在实际工作中应用培训所学的情况呢？

 释疑解惑，示证新知

大多数专业发展活动都存在一个实践缺口，即培训刚结束的时候，学员感觉良好，但一回到实际工作情境中，他们马上就会发现现实和自己感受之间的差距。因此，有经验的培训者通常会在培训结束时，要求学员针对具体内容制定应用培训所学的计划、方案或设想。如果能召开一次由学员及其所在学校的领导共同参加的培训总结会，共同讨论学员的实践计划，对解决这一问题会更有帮助。① 根据霍尔和郝德 1987 年的研究成果，美国古斯基教授把学习者对培训所学的应用情况从低到高分为八个层次，见表 1。②

---

① [英]莱斯利·瑞.培训效果评估(第三版)[M].牛雅娜,等译.北京:中国劳动社会保障出版社,2003.
② 陈霞.教师专业发展的实效性研究[M].北京:北京大学出版社,2012.

表 1　应用层次

分类	阶段	特征	描述
应　用	6	更新	创新性地评价应用效果,寻求需要改进之处
	5	同化	努力与同事合作,对学生形成更大的集体影响
	4b	完善	根据特定环境改变应用方法
	4a	例行	一成不变地采纳已建构的固定的应用模式
	3	机械	照搬照抄地应用
	2	准备	在为首次应用做最后的准备工作
	1	定向	有应用的打算,正在了解应用的个人要求和资源要求
非应用	0	无	没有应用,现在所用与所学完全不相关

要准确测评学员应用培训所学的程度,有赖于事先制定的与具体培训应用目标相对应的明确的测评量表。当然,培训的具体内容不同,与其相应的培训应用测评量表的内容也有所不同。

如"小组合作学习策略"专题培训结束后,培训者指定了五个应用小组合作学习策略的关键行为指标:(1)分组适当;(2)合作任务清楚、适当;(3)合作要求清楚、适当;(4)合作指导到位;(5)合作学习结果反馈及时且有效。

对于每一个指标,培训者均用具体的、可观察的行为或活动说明了理想的、可接受的、不可接受的做法。以"小组合作学习策略"中的"合作学习结果反馈及时且有效"这一指标为例,(1)理想的情况是培训者在小组合作学习结束时,让每个小组的发言人依次向全班展示本小组的合作学习成果,并组织全班学员针对每个小组的成果进行提问、讨论,最后由培训者对取得的成绩和存在的问题进行总结、分析,并提出改进意见;(2)可接受的情况是培训者对全班合作学习取得的成绩和存在的问题进行总结、分析,并提出改进意见;(3)不可接受的情况是培训者对合作学习的结果无任何反馈或只是简单提一下。

有了上述应用水平描述,培训者可以通过问卷调查、让学员填写培训所学应用情况自评表、实地调查、深度访谈、让学员撰写个人应用情况分析报告、学员重聚交流等方式对学员应用情况进行评估。以学员填写培训所学应用情况自评表为例,在培训结束时,培训者把这些可观察的评价表发放给每位学员以及学员所在的学校,要求学员及相关学校在 3 个月后把这些评价表交给培训者。这样,既能引导学员的应用,又有助于学员记录与反思应用情况。

表2　合作学习结果反馈情况评价表

指标	应用行为描述	应用情况			备注
		总是	多半	偶尔	对"偶尔"的原因说明
合作学习结果反馈	1. 在小组合作学习结束时,让每个小组的发言人依次向全班展示本小组的合作学习成果				
	2. 组织全班学员针对每个小组的成果进行提问、讨论				
	3. 总结小组合作学习中取得的成绩				
	4. 指出小组合作学习中存在的问题				
	5. 及时解决小组合作学习中存在的问题				

您也来试着设计一个追踪评估方案吧！请扫描二维码把您的应用情况分享给我们。

问卷｜如何追踪评估培训所学的应用情况

学思用结合，内化转化

学习感悟1

本讲真实、生动地描述了教师培训,尤其是专业技能培训中常见的学习与应用脱节问题。如何解决这个问题？我个人建议如下：

1. 课时不变,授课时间适当拉长。适当拉长授课的总体时间,每节课之间为学员留出足够的实践探索时间。面授课程可以在下一次上课时,对学员之前的实践结果、困难、疑惑进行反馈和解答；网络课程则可以在每次课后布置相关实践作业,学员在完成相应的作业后才能开启下一节课的网络学习。

2. 课程内容适当增加实践操作的比重。如面授课程适当增加课堂体验、课后实践、课堂答疑、课堂督导的比重,网络课程增加一些实践案例的分享,剖析实践中可能存在的问题及应对方案。

3. 课后作业增强实践针对性。如要求记录实践过程中带领者与参与者之间的一段对话,逐字逐句、详细记录某一具体环节的操作过程、参与者的现场反应和疑惑、带领者的现场应对,并提供照片等过程性资料。

4. 细化分值,分段分类给予学分。如某课程学分总数为1分,可分为课程学习 0.8 分,课后实践 0.2 分,学员在提交实践作业并得到主讲教师认可后才能得到全部的学分。可以赋予任课教师一定的权力,若该学员的实践作业完成得不理想,现实性不强,则拿不到课后实践的 0.2 分。

5. 与学校联动,设置奖励机制。相关部门和主讲教师可以设置一定的评选标准,选出在课程中表现突出的学员,特别是实践应用出色的学员作为优秀学员,给予表彰,并通知学员所在学校,激发学员的积极性和主动性,鼓励更多的学员学以致用,而不是单纯为了学分。

——上海市虹口区教育学院　王红丽老师

学习感悟 2

本讲中的案例有五点值得欣赏。一是作业有智慧。布置的培训应用作业,尤其是邀请单位领导一起讨论学员实践计划,为追踪评估创设了条件。二是工具编制严谨。评估指标与行为标准编制过程科学严谨。三是评估标准先行。评估指标与行为标准在前,学员回到工作中后,实践行动的参考依据明确具体。四是信息搜集科学。多渠道、立体式地搜集信息,有助于分析问题背后的原因。五是基于实证。对培训结果应用真实状态的评估基于事实判断,减少了主观干扰。这样的评估结果比较可信。

不过,也有一些可讨论处。1.是否需要给指标与标准适度的弹性空间,让指标与标准既严谨,又不烦琐、僵化？在实践操作上,评估工具可适当留白,让每位学员自主编制适合自己的部分。2.追踪是一个连续的过程,评估是为了增值。追踪评估本质上是形成性评估。如何用活事前编制的评估工具,指导问题解决？这应该成为培训者思考的内容。3.培训结束后,依然保留原培训的部分组织形态,尤其是与培训者的沟通渠道,能够有效帮助学员解决应用中的问题。

——上海市崇明区教育学院　宋林飞老师

学习感悟 3

这种基于标准的培训成果应用,在建立指标时也是有困难的,因为现在的教师或管理者获取信息的方式、渠道很多元,有时比较难确定培训内容和教育教学改变之间的直接因果关系。

——上海市师资培训中心　张文强老师

结　语

❋ **本章学习目标**

1. 理解教师学习的特点
2. 掌握把教研活动、课题研究转化为研修课程的步骤与方法
3. 感悟"五步玩转教师培训课程设计"课程的典型特征

✹ **本章学习路线**

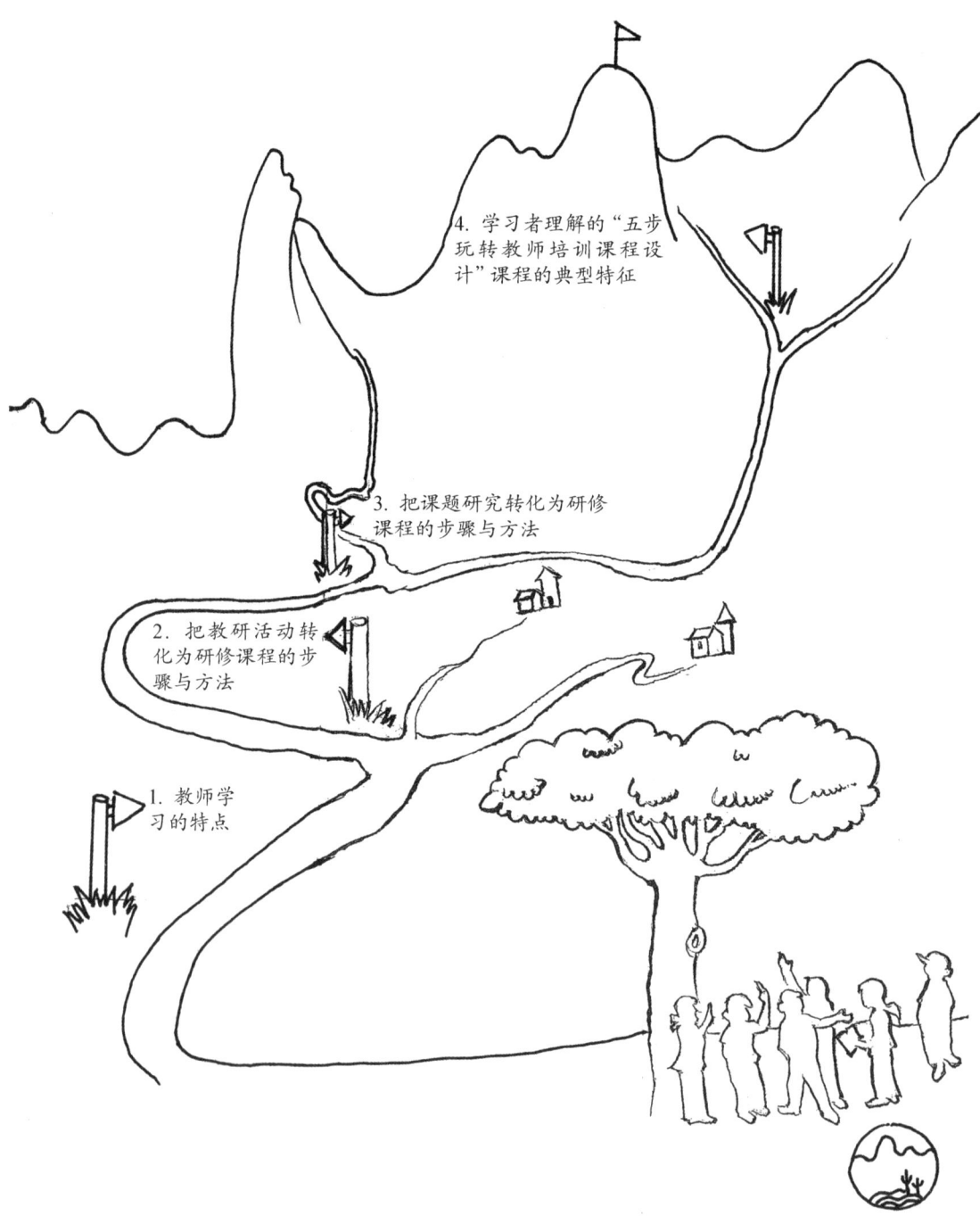

(绘图 范瑞华)

47 | 教师究竟是如何学习的

 适用对象及情境

1. 教师培训活动的设计者、组织者与实施者。
2. 对以下问题抱有好奇心的人员：
教师究竟是如何学习的？教师的学习与青少年学生的学习有差异吗？

 开门见山，聚焦问题

课程设计是为了更好地服务于教师的成长与发展。广大教师是培训者首要服务的对象，那么，教师究竟是如何学习的？教师的学习与青少年学生的学习有差异吗？如何根据教师学习的特点来筛选与组织教学内容、设计教学与评价活动？这的确是些非常重要的问题，值得我们深入探讨。

 释疑解惑，示证新知

美国著名人力资源培训师鲍勃·派克认为，"成人是有着高大身躯的小宝宝"。教师作为成人，其学习和孩童的学习有许多共同点。与孩童一样，成人在学习知识时也需要有一套循序渐进的方法，并且，相比沉闷的讲授，成人也同样更能接受新鲜有趣的学习方式。

但教师毕竟不是孩童，在学习时，他们也有一些特质，值得我们关注。鲍勃·派克指出，在成人的世界里，培训的目的是产生结果，这个结果就是学员行为的改变。在所有的培训和学习活动中，学员才是真正的中心，培训必须"以学员为中心"和"充分调动学员的参与"。他总结了"派克的五条成人学习法则"。①

---

① [美]鲍勃·派克.重构学习体验——以学员为中心的创新性培训技术[M].孙波,庞涛,胡智丰,译.南京:江苏人民出版社,2015.

1. 成人是有着高大身躯的小宝宝。成人是通过经验来学习的。成人拥有丰富的经验,他们把这些经验带入教室,希望有人能够认可这些经验,从这些经验中发现和学习更多的东西。培训需要激发并利用成人的已有经验帮助其建构新的经验。

2. 成人更容易接受自己得出的结论。成人通过个人思考或小组讨论得出的结论,更容易被接受。

3. 学习过程越有趣,成人学习效果就越好。学习过程有趣可以激发成人学习动机,提高成人学习投入度。讲师可以通过让学员参与多样化的实践活动来调动他们的热情,使每位学员从学习活动中获得乐趣与成长。

4. 成人学习发生的标志是行为的转变。培训的结果是学员行为的转变,培训关注的不是学员知道了什么内容,而是学员知道了这些内容后可以做什么。学员只有尝试在工作中运用学到的知识与方法,才有可能带来行为的转变。

5. 成人拥有最高能力的证明是教授他人。当成人能够把自己的显性知识与隐性知识清晰表达出来并教授他人时,成人的能力达到了最高阶段。培训的目标之一就是让学员成为传播的种子,向他人传递所学内容。

成人教育学创始人诺尔斯提出了成人学习的五大特点,您可以对照自己的学习经验思考。

一是自我导向。教师自己感受学习需要,总结学习经验,进而制订学习计划,评价学习结果。当教师没有感受到学习需要时,自我导向就不会发生。

二是基于经验。教师具有一定的经验,他们的经验有时会成为有价值的教学资源。

三是问题中心。教师学习主要是为了解决自己工作实践中的问题,而不是为了系统掌握某方面的知识。他们希望学到的新知识和技能可以马上应用。

四是做中学。教师是在实际的职场情境中,通过个人的实践反思、同伴的交流互动等学会当教师的。只学习理论却没有充分实践永远也无法胜任教师工作。

五是制约较多。教师在学习的过程中需要兼顾工作和家庭。这使教师能用于学习的时间短暂且十分零碎。

大量的培训实践研究表明,成人教师更欢迎"能够运用的"内容,这种内容一般具有以下几个明显的特征:

第一,现实的、工具性的。即以"解决实际问题"为指向,基于教育教学实际和职业生活场景总结方法、策略、诀窍、技巧等,并且能够明确说明操作要点和关键节点。

第二,思辨的、启发性的。即以"促进学员动脑思考"为指向,基于某一具体事实、现象去追溯其产生原因,剖析其影响因素,帮助学员形成某种思考路径,掌握思考工具使用方法,形成有效的思维方式。

第三,形象的、有趣味的。即以"激发学员学习兴趣"为指向,基于故事、游戏、体验等,帮助学员掌握直观、感性、体验等认知方式,进而形成某些想法、看法与做法。

第四,互动的、体验性的。即以"强化学员行动"为指向,基于某种场景设定的情境再现、游戏活动、实践活动等,帮助学员通过亲身体验深化认知,积累经验。

由此可见,作为成人的教师,首先,他们的学习不是凭空发生的,他们的学习需求必须得到充分激发,并且这种需求多半源于其工作或生活中的困惑和问题。其次,他们的学习是建立在自身经验之上的,学习对他们来说,更像是结网,慢慢拓展和更新自己原有的经验网络,把别人的知识转化为自己的知识,并且,他们对知识的内化最终是在实践中发生的。最后,受工作与家庭影响,他们的学习很多时候是碎片化的。

您是否认同以上关于教师学习的看法?请扫描二维码把您的感悟和体会分享给我们。

问卷 | 教师究竟是如何学习的

 学思用结合,内化转化

学习感悟1

从职业道德角度看,教师的学习应该是自觉、主动的,但作为职场中的成人,受工作、家庭等方面因素的影响,教师往往无法践行自觉、主动的学习。因此,为了促进教师专业成长,培训者需要在具体分析教师群体及个体学习困境的基础上,参考成人学习基本规律等相关理论研究和实证探索成果进行有针对性的设计与实施。培训者需要注意:不同个体对于学习内容、学习成效的理解有所不同,这也会影响培训效果评估维度的设计和结果的呈现。

——上海市师资培训中心　李敏老师

学习感悟 2

学习了"派克的五条成人学习法则",我感受到成人教师学习和青少年学生学习一样,都要经历了解、理解、掌握、运用等过程。教师作为成人,在学习上和孩童既有许多共同点,又存在差异。在成人的世界里,培训的目的是产生结果,这个结果就是学员行为的改变,这是成人学习的特质。通过学习,我的体会是,学员是真正的中心。其一,培训需要关注学员的"自我导向",只有学员自己感受到学习需要,学习才会发生。所以,以"解决实际问题"为指向的培训更受欢迎。其二,培训需要激发成人的经验,引导成人利用已有经验来建构新的经验。在此过程中,成人更善于思辨、讨论、尝试、实践,并自己得出结论;也更乐于接受形象、趣味、互动、体验性的形式和内容。其三,培训应该关注学员学习后行为的转变、学习结果的印证、实际问题的解决,知识内化的表现则是教授他人。

——上海市师资培训中心 施利娟老师

学习感悟 3

教师究竟是如何学习的?要想弄清楚这个问题,应该首先思考"什么是学习""什么在影响学习"等问题。心理学认为,学习是由先前经验而产生的、永久性的行为改变。也就是说,教师基于对自身教育教学经验的思考,对培训内容有了需求,产生学习的动机,带着目的来到培训现场,渴望寻求问题解决的策略,学以致用,最后回到教育教学现场,促进自身行为的改变。教师是成人,思维辩证性提高,强调实用性、相对性、变通性。因此,想让教师学习发生,培训者要做好系统设计,力求实用,综合考虑需求的内容、环境的营造、体验的形式、效果的追踪评价。

——上海市师资培训中心 朱园飞老师

48 | 如何把教研活动转化为研修课程

 适用对象及情境

1. 教研活动指导者、教研组组长、骨干教师。
2. 对以下问题抱有好奇心的人员：

教研活动与研修课程之间的差异是什么？如何把教研活动转化为研修课程？

 开门见山，聚焦问题

教研活动是我国中小学教师常见的一种专业发展活动。传统的教研活动往往以学科教研组为单位，围绕教材教法，以听课、评课、议课等为主。传统教研活动的特点可以概括如下：(1)聚焦教学问题的解决，缺乏对教师成长的系统思考，关注以课时或单元内容为载体的具体教材教法问题，主题比较零散、不够系统；(2)关注教学问题解决的过程，缺乏对问题解决经验的梳理与理性提炼；(3)教研员的主导角色比较明显，教师和教研员同伴互助式的协作关系有待加强。近年来，教师研修课程越来越受到教师的欢迎。这里的研修课程是指基于教师专业发展的实际需求，由开发者与参训教师共同总结的一系列经过筛选的、符合教师心理特点的、具有内在一致性的经验。研修课程更加重视参训教师的实际需求和问题解决，它把分散的"点"按照一定的序列串成"线"，再把"线"连成"面"，把"面"组合为"体"，从而促进教师主动、深入、系统地学习。

我们询问一些教师："教研活动能否设计成研修课程呢？"有的教师摇头，理由是教研活动内容繁多、机动灵活，难以形成研修课程。有的教师认为，有些教研活动也提倡主题化、序列化、课程化，说明教研活动可以转化为研修课程。由此可见，对教师研修课程的理解不同，对这一问题的回答就不同。

我们所理解的研修课程是指为达成预期目标为教师提供的一系列具有内在

一致性的经验。它有两种类型：一种是以集体共同探索未知为主的研究性研修课程；一种是以习得已知为主的习得性研修课程。我们比较熟悉习得性研修课程，也比较容易理解。对于研究性研修课程，我们则相对陌生。接下来，我们以一位学前教育教研员 L 老师的探索为例，剖析她把教研活动转化为研修课程的步骤。

 释疑解惑，示证新知

L 老师是某区的一位学前教育教研员。她在规划本区的学前教育教研活动时，力求做到主题化、序列化、课程化。她的具体操作过程如下：

第一步，发现问题，确定研修主题。

L 老师认为，研修主题一定要解决教师教育实践中的关键问题。关键问题是指影响教师教学质量的关键因素和瓶颈问题，反映了教师实际专业水平与教师专业标准能力要求之间存在的差距，也是实实在在困扰着教师的问题。

如何发现这些关键问题呢？L 老师的主要做法是，把外在的要求与教师的个体需求进行比照。如 L 老师依据《幼儿园教师专业标准（试行）》与《3—6 岁儿童学习与发展指南》列出运动领域集体活动、低结构活动计划与实施中的关键问题，通过问卷调查，请教师根据自身实际对这些问题的存在程度进行判断，进而总结出教师希望解决的 14 个关键问题。在此基础上，L 老师还通过有针对性的访谈、现场活动观察、参与园本研修等不断确认关键问题，对问题进行筛选排序，最终确定了本学期教师希望解决的问题，并确立了课程主题"基于幼儿自主探索与挑战需求的区域运动环境创设"，明确了课程目标。

第二步，分析问题，提出解决思路。

由 L 老师和教师组成的研修团队开始对关键问题进行分析和讨论，在这一过程中她们采用了多样化的方法，如查阅文献、头脑风暴、专家解读，开展了结构化研讨、世界咖啡汇谈、案例研讨等多种引导式研讨。这样做的目的是：教研员和参与的教师都能比较全面地理解问题的表现、产生的原因以及可能的解决办法，如重新规划体育运动区域、重新摆放运动器材、鼓励和指导幼儿自由探索、安排充足的户外探索时间。

第三步，形成假设，制订行动计划。

研修团队针对问题提出可能的解决办法（由于这些办法的效果还未得到证

实,所以被视为假设),并制订具体、可操作的行动计划。行动计划一般包括以下内容:(1)预期目标,包括总体目标和具体行动目标;(2)拟采用的解决方法;(3)行动步骤与行动时间安排;(4)研修团队成员的任务分工;(5)资料搜集的方法与要求。可以综合运用头脑风暴、团队研讨、专家指导等方法形成行动计划。

第四步,实践行动计划,及时反馈调整。

按照行动计划,研修团队开展实践行动与研究。实践行动与研究的过程可能是多轮循环的,需要不断调整完善。每一轮的实践行动都包括设计、行动、观察与记录、研讨与反思四个不可缺少的环节。这一步特别强调研究工具的设计、对行动实践的及时反馈与调整。研修团队借助课堂观察表、反思日志等工具收集数据资料,开展基于数据和证据的交流与研讨,及时提出解决办法,或对行动过程进行反馈和调整。在这一过程中,教研员和教师是平等的学习伙伴关系,共同对实践中的问题进行研究和学习。

第五步,反思总结,形成研修资源。

结合研修实践,研修团队对问题解决中的过程性资料进行整理和提炼,积累研修资源。可整理的过程性资料包括:(1)对关键问题的描述与分析,如梳理分析团队成员在实践中具体的问题表现、问题产生的原因;(2)解决问题的理论依据,包括相关文献、专家观点等;(3)解决问题的方法与过程,包括行动方案、研究工具、教学录像、研修活动录像、教学反思日志等;(4)凝练的问题解决对策、典型案例(正反例)等。研修团队通过梳理和总结,把这些生成性的研修资料转化为研修课程资源,进而充实和优化研修课程。

以上五个步骤就是教研员开展区域教研活动的整个过程,也可以看作研究性研修课程的五个环节。每一个步骤中形成的材料,经过梳理和总结,都可以作为课程内容,最终形成由"问题呈现—问题分析与解决—案例分析(行动实践的典型案例)—实践练习—反思总结"五个环节构成的研修课程。

请扫描二维码把您的感悟与应用案例分享给我们。

问卷 | 如何把教研活动转化为研修课程

学思用结合,内化转化

学习感悟 1

把教研活动转化为研修课程需要课程专家、学科专家和一线教师的共同参与,其中,教研员起着非常关键的作用。关键步骤和操作要点如下:

第一步,开展调研分析,确立有意义的主题。课程建设的第一步就是寻找教学中的真问题。以教师教学素养结构为依据,以教研员为主体开展调查设计与实施,通过问卷调查、座谈访谈、课堂观察等多种方式,了解教师专业发展的需求或教育教学实践中存在的问题,在分析和综合这些需求或问题的基础上提炼聚焦,把问题转化为研修课程主题。

第二步,跟进预期要求,制定适切的目标。目标既包括要解决好哪些问题,又包括如何有效呈现获得的内容。目标制定要具体化、可操作、可检测。

第三步,细化行动步骤,呈现过程性的方案。在主题和目标的引领下,设计具体的行动方案,具体包括运用什么方法解决哪些问题、分几个阶段解决等。

第四步,总结评价收尾,形成实践性知识。在问题得到比较满意的解决和课堂教学表现出比较明显的跟进效果后,针对问题解决过程中形成的大量信息和积累的丰富资源,进行有效的组织加工,在此基础上总结提炼出具有实践指导意义的策略与观点,以课程纲要编制为抓手,最终形成一门内容相对完整、具有课程核心要素(明确的课程背景、目标、内容安排、评价内容与方式)的研修一体课程。为确保研修课程的质量,还要建立依托课程审议的质量管控机制,通过专家团队审议,提高研修课程的科学性、操作性和实施方式的多样性。

——上海市金山区教育学院　王英老师

学习感悟 2

把教研活动转化为研修课程时,有一个适切的主题是非常重要的,主题确立应该基于课改理念、教学变革中的难点。我认为先要把研修课程的主题转化为高中三年教研的大主题,再根据实际情况拆分成若干小主题,以一线教师能够理解和接受的方式进行。总体来说,分为三个步骤。

第一步,课程设计。组建团队,选取适切主题,进行文献检索,搜集课程资源,进行课程大纲和教学文本设计。

第二步,课程实施。我认为,这个步骤是最重要的,以单元教学设计为例说明。(1)课程团队在前期课程内容设计的基础上,确定某一位教师进行公开课展示。(2)完整体验"文本设计—文本实施—文本更新"过程。课程团队通过备课、交流等方式,引导执教教师理解单元教学设计的理念,进而设计出单元教学设计初稿。之后,执教教师在实践中进行磨课,在课堂教学中体现学科核心素养落地的路径和关注点。这一过程中,单元教学设计不断更新完善。执教教师经历"备课—试教—评课—再备课—再试教—再评课—展示课—评课"的过程,最终形成了课程团队认可的体现学科核心素养理念的单元教学设计,并通过公开课展示课改理念。(3)完成第一个单元教学设计的样例和第一节公开课展示,意味着研修课程实施的真正开始。之后,凡是要进行公开课展示的教师,都要经历研修课程的学习,根据学习体会设计公开课单元教学设计。

第三步,理论和实践相互促进。一线教师通过提供研修课程加深理解,研修课程也在实践中更新完善。

——上海市杨浦区教育学院　李荔老师

学习感悟 3

把教研活动转化为研修课程,我认为有以下关键步骤:

第一步,聚焦主题。主题聚焦的操作步骤:(1)挑选有长期研讨价值的主题;(2)时间延长,把主题研讨的时间从一学期变为一年或两年,其中的每个学期围绕主题开展两次教研活动。

第二步,形成系列,即把这些教研活动形成有效的系列。(1)针对问题,每一次教研活动都要研讨或解决主题内困扰教师的一个问题;(2)逻辑清晰,系列中的教研活动之间具有一定的逻辑性。

第三步,选择人员,即在教师中挑选系列活动的展示人员。每位学员都要展示,经历完整的研修过程。

第四步,总结提炼。系列化教研活动结束后,要提炼系列化内容,以书面形式呈现教研内容,并将其转化为短期研修课程。

——上海市区杨浦区教育学院　金莉老师

学习感悟 4

把教研活动转化为研修课程的主要步骤:

第一步，调研需求，梳理问题。深度教研的特点之一是指向真实问题，用敏锐的专业眼光，准确把握政策要求与时代需求，并从生动的中小学教育教学实践中寻找需要破解的真实问题，根据教研的对象范围遴选具有典型性、共通性的问题，判断这些问题中哪些是亟待解决的新问题、哪些是尚未解决的老问题，然后运用调研、分析等实证方法，从中梳理出当前应重点关注的问题，找准教研活动新的生长点。我认为，这一点同样适用于研修课程开发的初始阶段。

第二步，聚焦问题，确定选题。在调研发现问题的基础上，判断哪些问题可以通过研修课程来解决，并不是所有的问题都能够通过课程实施得以解决。一门课程不可能解决所有问题，因此，还要进一步聚焦准备解决的某个问题或几个高度相关的问题。之后，根据问题确定选题，拟定课程名称。

第三步，基于标准，设定目标。对照拟解决的真实问题、与之对应的选题名称，思考达到怎样的目标水平才能解决问题，同时还要关注《中小学教师专业标准（试行）》《教师教育课程标准（试行）》以及学科课程标准等纲领性文件、指导性文本。

第四步，建构内容，设计活动。如果对应课程目标，只有零星的、不成熟的经验与思考，那么在建构内容和设计活动时，甚至在课程实施中，需要专家介入指导，同时需要学习者深度参与，分享资源，共同建构内容。

第五步，研制评价方法，关键是对应课程目标研制评价指标体系。

把教研活动转化为研修课程的实践过程能够有效提升教研员的教育理念、科研能力、指导能力、课程开发能力等。

——上海市长宁区教育学院　朱颂华老师

49 | 如何把课题研究转化为研修课程

适用对象及情境

1. 课题研究主持人、指导者、参与者。
2. 对以下问题抱有好奇心的人员：
课题研究能否课程化？如果能，如何把课题研究转化为研修课程？

分析背景，聚焦问题

教育课题研究在促进教育理论创新、教育实践发展、教师专业发展方面发挥着重要而积极的作用。不过，在当前中小学课题研究中也存在一些值得警惕的误区，如轻研究过程重成果总结、轻示范辐射重评优报奖、轻团队深入协作重个体单打独斗，这在一定程度上削弱了课题研究的价值。

毕竟，教育课题研究是教师专业发展的重要路径，其最终目的是让教师在用科学、规范的方法探寻问题解决方案的过程中更好地立德树人。您可能会问："课题研究与传授已有知识的教师研修课程根本就是两码事，怎么将课题研究的过程设计成研修课程呢？"

前面提到，在这门课程中，我们把研修课程分为两类：一类是以集体共同探索未知为主的研究性研修课程；一类是以习得已知为主的习得性研修课程。这两类研修课程的共同特点是：在一定教育目标的指导下，聚焦某个主题，有计划地引导相关参与者开展一系列的研究、学习、实践活动，使其获得具有内在一致性的经验。

教育课题研究与研究性研修课程有相似性，但两者之间仍有一定的差异。我们暂且归纳为六点，见表1。

表 1　教育课题研究与研究性研修课程的若干差异

维度	教育课题研究	研究性研修课程
思考基点	关注问题解决与知识创生	关注知识创生中人的发展
主体关系	研究者是主体,研究对象、部分参与者等被视为知识创生的工具	所有参与者(包括指导者、参与学员、管理人员等)都是平等的伙伴关系
主体角色	研究者是设计与实施研究方案、发现结论的人,其他相关人员是被动配合或辅助研究者发现结论的人	指导者是引导师、研究者、对话者、学习者;参与学员是研究者、对话者、学习者、资源共建者
团队性质	研究共同体	学习共同体
方法路径	注重科学规范的研究方法、系统深入的思考	既注重科学规范的研究方法、系统深入的思考,又注重培训的技术与方法
成果呈现	以论文、报告、著作等物化成果为主	既重视论文、报告、著作等物化成果,又重视形成习得性研修课程

把教育课题研究转化成研修课程是指教育课题研究团队把教育课题研究的过程设计成研究性的研修课程的过程,以及把教育课题研究成果转化成习得性研修课程的过程。我们有时也把这一过程称为"课题研究课程化"。下面重点探讨把教育课题研究转化成研修课程的五个步骤。

 释疑解惑,示证新知

第一步,发现关键问题,确定研修课题。

这里的关键问题是指教育教学实践中影响教育教学质量的关键因素和瓶颈问题,同时也是教育实践者深感困惑或迫切需要澄清的真问题。发现关键问题的过程也是研究团队与有关人员开展头脑风暴、调查研究、文献研究、深度反思的研修过程。

如在"促进教师日常育德行为持续改进的校本策略"课题研究中,研修团队选定要研究的学校后,通过与学校教师一起调查研究、查阅资料等,梳理学校教师日常育德行为中的典型问题,并对这些问题进行价值判断与可行性筛选,最终确定具有普遍性的关键问题,把这些关键问题作为研修课题。

这里需要注意的是,关键问题不是一个宽泛的研究方向,如中小学教师师德研究、教师培训者专业素养研究等不能被视为关键问题。研修团队需要通过调查研究、文献研究、头脑风暴等对其进行问题分解，找出具体的、相对独立的关键问题，然后分析关键问题的价值与研究的可行性，把那些具有重要价值且具有研究可行性的关键问题确立为研修课题，并取一个适切的名称。

研修团队成员此时还应就研修课题的目标达成共识。这里的目标从内容维度上分为两大类：一类指向知识创生，表现为论文、著作、发明创造等；一类指向人的发展，包括研究者研究力、引导力、培训力的发展以及参与者思考力、问题解决力的发展。

第二步，分析课题现状，解析问题原因。

研修团队聚焦研修课题，对其实施现状、存在问题、产生原因进行分析。分析方法与手段有很多，具体包括：(1)头脑风暴；(2)针对现场课例、案例、视频等充分研讨；(3)专家深入浅出地讲解；(4)查阅相关文献；(5)调查研究等。这里还可以采用结构化研讨、世界咖啡汇谈、案例研讨等多种引导式研讨方法，目的是经过研究、讨论、学习，让参与者清楚了解研修课题的实施现状、优势、问题，并尝试提出解决问题的假设性方案。这里可以综合使用各种研究方法与培训方法，让研究者与参与者在充分交流、分享的基础上突破原有的认知结构。

在"促进教师日常育德行为持续改进的校本策略"课题研究中，研修团队针对研修课题，通过实地观察、团队研讨、专家解读、文献查阅等方式对问题的表现与产生的原因进行分析，并尝试提出解决问题的假设性方案。

第三步，提出研究假设，形成行动计划。

研修团队在明晰研修课题实施现状、问题及原因的基础上，对如何解决问题形成初步的假设或共识，形成问题解决的行动计划。

形成行动计划的手段很多，包括头脑风暴、团队研讨、专家讲解、借鉴他人的做法等，可以综合使用。目的是让大家通过充分的研讨与学习形成初步的解决问题的假设，并根据假设形成一个初步的研修行动计划。

在"促进教师日常育德行为持续改进的校本策略"课题研究中，研修团队成员就解决问题的方案达成共识，协商制订解决问题的行动计划，包括解决问题的假设、行动步骤、方法与时间安排、研修团队成员分工、资料收集的方法与要求。

第四步,实践行动计划,凝练研究结论。

研修团队按照行动计划开展研究行动,重点关注研究工具的设计,及时收集研究数据,基于数据充分研讨,不断反思、调整、优化问题解决的假设性方案,直至找到问题解决的最佳途径。需要注意的是,实践行动通常是多轮的,需要不断调整,呈螺旋上升的态势。每一轮的行动都包括"设计—行动—观察与记录—反思调整"四个不可缺少的环节。此外,需要注意的是,研究者与参与者是平等的学习伙伴关系,都是为了问题的解决在研究、学习、提高。

在"促进教师日常育德行为持续改进的校本策略"课题研究中,研修团队按照上述步骤开展研究行动,最终找到了问题解决的最佳途径。

第五步,反思总结梳理,形成研修资源。

研修团队对研修课题实践中的过程性资料进行整理和提炼。这些过程性的资料通常包括:(1)对关键问题的描述与分析;(2)解决问题的理论依据;(3)解决问题的方案、工具、数据、课例、教学录像、教学实录、教学反思等;(4)凝练的问题解决对策、典型案例(正反例)等。

最后,按照四个板块梳理研修资源:(1)问题与分析;(2)对策与方法,这里呈现的是最后凝练出的解决问题的理论依据、对策与方法;(3)案例分析,这里的案例分析是最后萃取出的应用问题解决对策的典型案例,包括正例与反例,目的是加深参与者对问题解决策略的理解,使其把理论与实际联系起来;(4)实践练习,设计一些任务或练习以检验或加深参与者对解决策略的理解。这样就把研修课题的资源转化成了一门实践者比较喜闻乐见的习得性研修课程。

有了这样的习得性研修课程,后面的设计者就可以避免重复问题解决的曲折过程,他们只需要基于前人探索的成果,以边学习、边实践、边反思的研修一体方式习得与拓展这些知识,在研修中不断生成新的问题。

在"促进教师日常育德行为持续改进的校本策略"课题研究中,研修团队对研修课题实践中的过程性资料进行整理、提炼、完善,按照"问题与分析—对策与方法—案例分析—实践练习"四个板块把研修课题的资源转化成习得性研修课程。

上述五个步骤及主要操作要点见表2。

表 2　教育课题研究课程化的路径与操作要点

五个步骤	操作要点
1. 发现关键问题，确定研修课题	选定要研究的学校后，通过与学校教师一起调查研究、查阅资料等，梳理学校教师日常育德行为中的典型问题，并对这些问题进行价值判断与可行性筛选，最终确定具有普遍性的关键问题，把这些关键问题作为研修课题
2. 分析课题现状，解析问题原因	聚焦研修课题，通过实地观察、团队研讨、专家解读、文献查阅等方式对问题的表现与产生的原因进行分析，并尝试提出解决问题的假设性方案
3. 提出研究假设，形成行动计划	研修团队成员就解决问题的方案达成共识，协商制订解决问题的行动计划，包括解决问题的假设、行动步骤、方法与时间安排、研修团队成员分工、资料收集的方法与要求
4. 实践行动计划，凝练研究结论	按照行动计划开展研究行动，重点关注研究工具的设计，及时收集研究数据，基于数据充分研讨，不断反思、调整、优化问题解决的假设性方案，直至找到问题解决的最佳途径
5. 反思总结梳理，形成研修资源	对研修课题实践中的过程性资料进行整理、提炼、完善，按照"问题与分析—对策与方法—案例分析—实践练习"四个板块把研修课题的资源转化成习得性研修课程

教育课题研究课程化能够实现研究、实践与发展的融合，解决许多实际问题，值得我们不断尝试与优化。请扫描二维码把您的感悟与应用案例分享给我们。

问卷｜如何把课题研究转化为研修课程

 学思用结合，内化转化

学习感悟 1

　　课题研究生成的研究成果和经验为研修课程的设计提供了宝贵的资源。但教学研究存在碎片化、零散性的问题，要把其转化为系统化的研修课程，就必须有学习共同体的意识，在学习共同体中充分发挥每个人的力量，形成合力。课程开发者要借助边学习、边实践、边反思的研修一体模式，增进理论的学习、思维的碰撞、经验的萃取，进而通过"输入、储存、转化、输出"的结构化应用过程，产出指向教师专业素养提升的研修课程。

——上海市杨浦高级中学　王黎敏老师

学习感悟 2

把课题研究设计为研修课程，对于师训课程开发者来说是一条新路，能够发挥研究课题的示范辐射作用。

如果说把课题研究设计为研修课程是命题作文，那么，课题就是阅读材料，课程就是要写的文章，课程开发者借助"问题与分析—对策与方法—案例分析—实践练习"四个板块便能把课题链接到课程。课题关注的是知识创生、理论成果，是结果；而课程关注的是教师的发展，是过程。

在实践过程中，课程开发者重新审视课题，对课题研究方法进行系统深入的思考，更好地关注课程中教师发展的需求，提升教师的学习兴趣和教育技能，有效发挥课题的示范辐射作用。

——上海市嘉定区南翔中学　沈人亮老师

学习感悟 3

通过学习，我认为教育课题研究和教师研修课程是相辅相成的。把课题研究转化为研修课程具有事半功倍的效果，而这一转化过程其实也是对课题的进一步反思和深化。在这一过程中，我认为很重要的一点是把注意力放到所有参与研修课程学习的学习者身上，从关注一个教育问题转变为让参与研修课程学习的学习者去认识或解决这个教育问题，习得一定的知识或技能，建立一个学习共同体。在转化的过程中不仅要把教育课题的研究成果作为主要内容，更要结合 PTCP 内容组织模式，采用科学的培训技术和方法，让学习者更好地参与课程，学有所得。

——上海市嘉定区真新小学　袁雯雯老师

学习感悟 4

学完本讲后，我对课题研究课程化的路径和操作要点有了清晰的认识。"五步走"的策略十分符合一线教师对于研修课程的认知规律。"发现问题—分析现状—提出假设—实施计划—反思梳理"五环节中，最让我触动的是提出假设这个环节。研修团队就一个问题达成共识，提出解决问题的假设和行动步骤，说明这个假设是很大程度上可行、但还有待被证明的，研究行动是验证假设的关键。"促进教师日常育德行为持续改进的校本策略"习得性研修课程的成型就是对课题研究课程化的具体示范。

——上海市嘉定区第一中学　文秋婵老师

50 | 听听这些学习者的心声

 适用对象及情境

1. 教师培训课程设计者、实施者与管理者。
2. 对以下问题抱有好奇心的人员：
"五步玩转教师培训课程设计"到底对教师有什么帮助？

 聆听心声，实践应用

"五步玩转教师培训课程设计"课程究竟给学习者带来了怎样的变化？我们一起来听一听下面几位学习者的心声。

1. 第一位学习者的心声

我是衣兰，一位有着 18 年教龄的中学数学教师，同时也是一位教师培训者。2018 年，我第一次跟着陈霞老师的团队学习教师培训课程开发，一下子就被吸引了。

在学习中，我积累了 18 年的中学数学教学经验被逐步激活。我按照"五步玩法"很快就把个人的教学实践经验转化成了一门市级教师培训课程和两门区级教师培训课程。2019 年，我还被评为市级优秀教师培训师。

教师培训课程开发真的很有意思，它与校本（学生）课程开发有很多相似的地方。不过，我也不瞒大家，要想学会它，只靠听和看是绝对不行的，还需要亲身实践。

所以，请尝试开发一门课程，您绝对会有意想不到的收获。

哦？您还想更系统地了解教师培训课程开发？

我推荐陈霞老师编著的《教师培训课程设计》这本书，里面的内容更系统全面，值得您看一看。

2. 第二位学习者的心声

我是李健。作为一名区研训员，我常常要与教师沟通最新的教育理念，协助他们完善课程建设,解决教育教学中常见的问题。因此,我经常需要梳理一些工作方法和经验,在这一过程中,我积累了很多教师培训课程素材。因为缺乏课程开发的相关方法,我反复摸索不得其法。恰逢陈霞老师团队面向我区开展课程开发的专题培训,我受益颇多。一是掌握了课程开发的思路。课程要基于问题,源于需求,满足教师的需求。二是了解了课程开发的基本要素,如课程目标、课程框架、课后作业与反思。三是掌握了课程开发的方法,如基于问题的情境导入、源于思考的理论梳理、依托思维碰撞的互动交流。与专业者同行,势必事半功倍。

3. 第三位学习者的心声

我是毛雪芳,一名幼儿园的业务园长,同时也是一名师训分管领导。2018年,我有幸参加上海市师资培训中心的课程开发培训活动,深受启发,收获颇丰。

课程开发培训活动中,主讲教师运用多样的培训方式,如六项思考帽、世界咖啡,形式新颖,让培训成为一种享受。活动结束后,我开始主动尝试课程开发,并有效运用到实践中,享受课程开发带来的专业成长。

4. 第四位学习者的心声

我是王莉莉,一名区教育学院师训负责人。如何激发名优教师及其团队在教学实践、教学研究、课堂转型等方面的内在潜能和创新活力,提升其教育经验萃取和成果转化能力,使其在区域课程教学改革和教师专业发展中发挥引领示范作用,一直是困扰各区的难题。2020年,我带领区内百余名骨干教师学习了"五步玩转教师培训课程设计"课程。这门课程具有小、实、精、活等特点,深受学员喜爱,学员在学习过程中表现出高度的参与性和积极性。从学员的学习留言和作业练习中可以看到,学员不仅快速有效地掌握了教育经验萃取和课程开发的核心知识与能力,初步把教育实践智慧和科研成果转化为教师培训课程,而且有意识地运用这些知识变革自己的课堂,取得了良好的效果。

问卷 | 听听这些学习者的心声

聆听完几位学习者的心声,相信您也有很多观点想倾诉,请扫描二维码把您的课程开发体验分享给我们。

我们再次提醒大家,娴熟掌握一门课程开发技能需要多次刻意练习,仅靠听与看是不够的。

学思用结合,内化转化

学习感悟1

  我是一名拥有22年教龄的信息科技教师,开发过一门市级培训课程、两门区级培训课程、一门区级培训微课程,感觉自己的经验还是很丰富的。我之前从来没有参加过任何课程开发方面的培训,都是自己积累经验。参加了这期的培训后,我发现自己之前开发的课程的确存在很多问题,在开发的过程中也耗费了大量的时间。如果我当时就知道"灵魂四问"的话,主题选择就能更加契合教师的需求。运用SMART原则会让我的课程目标表述更清晰。金字塔结构可以让我的课程内容更有逻辑性。五步教学法可以让教师的深度学习发生。鱼骨图分析法,可以帮助我分解问题,找到有效的对策。世界咖啡汇谈法能够汇聚参与者的群体智慧。还有最后的评价任务,之前我全部采用填空题以及撰写方案的方式,现在看来这样的评价手段老套呆板,很难激发学习者的兴趣。在这次培训课程中,我学到了以下策略:(1)可以让教师把学到的内容按重要性排序,把排序结果发给我,进行个人学习价值评估;(2)分享课程,根据微信截图了解教师对课程的评价情况,同时帮助宣传;(3)虽然最后一点做个微信小程序对我来说有点困难,但我可以把小程序内容转换成相应的文本作业,我可以针对自己的课程任务设置重点内容简述,不增加教师的负担,让他们更愿意写出内心的真实想法。这次的培训让我受益匪浅,现在,我正在策划一门新课程,觉得自己的思路更加清晰了。

——上海市宝山区宝虹小学　金云琼老师

学习感悟2

  整个培训进入尾声,我感觉意犹未尽!这次的培训像是在打卡,但是不累;又像是在和许多智者研讨,非常愉悦;还像是游戏,过关有奖。培训的形式、方法和内容都给我留下了深刻印象。今天的评价感觉又是一次思维的激烈碰撞,其中的几个方法我们都可以直接拿来用。作为讲师,我们都会关注"自己的课能否激发学员学习的热情"这个问题,但又不能直接问。"发个微信朋友圈,截图告诉我"的方法,既符合当下学员的心理和兴趣,又宣传了我的课,一举两得。类似的可使用的方法很多……谢谢培训者,我会在接下来的实践中逐渐尝试!

——上海市青浦区大盈幼儿园　高华老师

学习感悟3

从Step1追剧似的一路追到了Step5,一路学来,我并没有驻足反思。现在,在思考设计我的教师培训课程时,我回看自己的笔记和留言,整体反思这五步的历程,思考着这门培训课程的名称确立过程和培训思路。在琢磨着拟定一门我的教师培训课程时,我对此课程的总结性评价是有趣味且有意义。对自我学习的评价涉及以下内容:(1)此课程最难的内容是目标表述(SMART原则);(2)最有收获的内容是SPMC萃取法、五步教学法和结构化研讨中的鱼骨图法;(3)最需要注意的是设计课程时要考虑培训对象的需求和兴趣。

——上海市普陀区教育学院附属学校　黄薇老师

后　记

让课程更"接地气"

2020年2月29日晚,我正在电脑前思考疫情期间的培训工作,手机"嗡嗡"地一阵震动,我收到了单位领导周主任的一条微信:"您领衔的教师培训课程设计能否做个微课程?"我先是怔了一下,然后一口答应。

2019年3月,我带领团队编著的《教师培训课程设计》一书在上海教育出版社出版,一经出版就得到了同行一致的肯定与好评。我们受邀举办了多个以优秀一线教师与校长、师训员、教研员、科研员等为主要对象的教师培训课程开发能力提升专题研修班,也受邀做了多场讲学,越来越多地听到教师内心深处的一些声音,越来越多地诊断到教师在实际课程开发中暴露出的一些具体而关键的问题,如"教师培训课程与校本课程到底有什么不同""教师工作已经很忙了,为什么还要开发教师培训课程"。这些反馈使我们认识到,我们需要不断对《教师培训课程设计》一书的内容进行调整、优化、补充、完善。这次正好以"五步玩转教师培训课程设计"微信版课程开发为契机,把最新的认识与实践应用成果融合进去。

2020年4月9日起,我们陆续在上海市师资培训中心微信公众号上传18讲微信版课程"五步玩转教师培训课程设计",免费供学习者进行互动学习。第一期原本计划招生999人,结果1350人报名,在课程学完后,学员的积极反馈大大激励了课程开发团队。2020年5月18日,我们开始第二期开班报名,又有650人自愿报名,课程同样得到了学员比较一致的好评。在学习过程中,我们尊重、珍视每位学员的学习体会与反馈,同时把学员作为资源共建者,因此,这本书中收录了学员的一些学习体悟与实践应用成果。在微信版课程学习的过程中,经常有学习者询问我们有没有公开出版的读物可供继续学习。由此,我们萌发了出版一本更加贴近学习者的需求与实际,内容更加有针对性、实用、完整,语言风格更加通俗、简练、风趣,与学习者更加平等、对话、合作的著作,最终形成了这本《化经验为课程——教师培训课程设计50讲》。

本书是上海市教育科学一般项目"学习领导理论关照下的校本研修重构路向与策略(项目编号为C18114)"和"核心素养导向下教师实践行为改进路径与支持策略研究(项目编号为C2021068)"的阶段性研究成果,凝聚了上海市师资培训中心万立荣、杨兰、顾思羽等教师诸多的心血。作为一种新的突破与尝试,本书的撰写激发了我们极大的热情,带给我们新的体悟,它汇集着每位成员不容小觑的力量与智慧。

本书在撰写过程中得到了上海市师资培训中心周增为主任的支持与鼓励,得到了宁彦锋、李铃蔚、顾窊、张怀浩等教师的大力协助。上海教育出版社刘芳副社长、公雯雯主任、杜金丹编辑就本书进行了专业而辛苦的编校工作,上海师范大学吴国平副教授也一直给予我们精辟的指导。在此一并表示衷心的感谢!

永远值得怀念的一段美好经历!再次感谢团队成员。

陈霞

2021年4月

于上海市师资培训中心

图书在版编目（CIP）数据

化经验为课程 / 陈霞等著. — 上海：上海教育出版社，2021.5（2022.10重印）
（上海教师教育丛书. 知新书系）
ISBN 978-7-5720-0883-2

Ⅰ.①化… Ⅱ.①陈… Ⅲ.①师资培养－文集 Ⅳ.①G451.2-53

中国版本图书馆CIP数据核字(2021)第088493号

总 策 划　刘　芳　宁彦锋
责任编辑　杜金丹
封面设计　毛结平

上海教师教育丛书　知新书系
化经验为课程
陈　霞　等著

出版发行　上海教育出版社有限公司
官　　网　www.seph.com.cn
地　　址　上海市闵行区号景路159弄C座
邮　　编　201101
印　　刷　启东市人民印刷有限公司
开　　本　700×1000　1/16　印张 14
字　　数　233 千字
版　　次　2021年5月第1版
印　　次　2022年10月第2次印刷
书　　号　ISBN 978-7-5720-0883-2/G·0699
定　　价　56.00 元

如发现质量问题，读者可向本社调换　电话：021-64373213